断舍离

终结拖延

ズボラさんでもできる！
はじめての断捨離

[日] 山下英子 —— 著

贾耀平 —— 译

湖南文艺出版社　博集天卷

 # 前言
PREFACE

"舍不得!"
这是我做断舍离家访时,主人常挂在嘴边的一句话。

为什么舍不得?
很简单——越是这也舍不得那也舍不得的人,就越有可能无法扔掉东西。

散落的纸屑、破了洞的袜子、裂了口的餐盘、冰箱里快变质的蔬菜、多余的塑料伞、空点心盒……

严格一点说,这些和垃圾无异的东西在家里见缝插针地蔓延、繁殖着。
在"垃圾"的包围中,想整理自己心爱的大衣?去收集喜爱的小物件?整理家人美好的记忆?这些简直是天方夜谭!

毋庸置疑，断舍离的第一步就是把该扔的东西扔掉。
不把抽屉里的东西全部倒出来整理也OK。
从抽屉里挑出一支笔油用完的圆珠笔，扔掉！
从冰箱里挑出一袋过期的调味料，扔掉！

家里随手能扔的"垃圾"，
这本书将给大家逐一"挑拣"出来。

我是不会让你有机会说"但是"的！
多说无益，尽快行动！

不断地扔掉垃圾，你会发现屋子里宽敞了不少，心情也轻松了不少。
有了这种清爽畅快感，就代表你的初次断舍离获得了大成功！

——山下英子

目录
CONTENTS

1　懒人也能轻松做到！
初次断舍离

6　家里杂物成堆的原因
打破三面"拖延"障碍墙！

10　"不积极思考""不主动决断""不及时行动"的人的借口
三句纵容"拖延"的迷惑之言

13　一时兴起也OK！初次断舍离该怎么做
废话少说，扔！

14　在判断扔不扔之前，看看家里有没有确实完全不要的东西
初次断舍离，先扔掉的是垃圾

18　懒人也明白的"扔掉就好"
初次断舍离该怎么做

21　啊？在这种地方也能做出美食？
不堪入目的厨房

47　满柜子衣服，没一件想穿！
丧失新鲜度的衣橱

75　清洁身体的地方却一点都不"清洁"！
乱七八糟的洗漱台、浴室、厕所

103　待的时间最长，却堆满东西，看着心烦
满目皆是杂物的客厅

157　不忍直视的休憩空间
被仓库化的日式房间

173　失去原本的目的
进出不便的玄关

191　家里到处都是魔窟？
全部扔掉！进都不想进的隐蔽区

196　无论是物品还是感情，当你因此而黯淡无光时，请记得放手离开，重新开始美好生活

断舍离，人生的武器

懒人也能轻松做到！

初次断舍离

漫画：nobby

房间乱七八糟，
就相当于
表面上光鲜亮丽，
内衣却脏不拉叽。

虽然"能当作二手货卖掉"，
但不去行动，等于白搭，
东西还是垃圾。

断舍离可以一时兴起。

关键在于：先行动，后思考。

所谓"太可惜了"，

有时候会让自己变得

"可怜"。

那些总是在清理杂物上找借口的人，

往往也会在人生的各个方面找借口。

"扔掉什么东西后会很麻烦"的情况绝不会有。

即便有，跟"家的清爽整洁、井然有序"相比也是小事。

"总有一天会用上的东西"

通常绝无机会再用。

杂物一多，内心的压力会变大。减少杂物，就是减轻内心的压力。

○ 家里杂物成堆的原因

打破三面"拖延"障碍墙!

先对物品进行筛选,决定要不要,不要的东西就当成垃圾扔掉。这是人们在整理中经常被建议的步骤。

按照这个步骤来进行断舍离的话,就会遭遇三面障碍墙——"判断墙""决断墙""行动墙"。比如说,决定了"扔",实际上却没有放进垃圾桶,这等于没有"行动";判断"不需要",但不决定"扔",这等于没有"决断"。考虑要不要是"判断"。这个"判断"阶段是非常重要的,如果没有"判断",就不会"决断",更不会"行动",做不到断舍离,只能看着东西在家里堆积成山。

==初次尝试断舍离时,建议大家直接跳到"行动"阶段。"扔东西"做起来其实很简单。==先从一支没有笔油的圆珠笔开始也行,反正就是先扔扔试试。==多实践、多体验"扔",之后做"判断"和"决断"就会比较容易了。==

这里的"扔"本质上就是断舍离的热身运动。

从这里开始！

直接从"扔"开始，判断和决断就越来越容易喽！

第一步看起来容易，做起来难！

拖延"判断"
以"能不能用"为标准无法扔掉东西！

按需不需要来判断扔不扔东西，其实是一件非常困难的事情。这也是杂物成堆的家庭总是不愿去做"判断"的结果。考虑不周到、不仔细，就容易增加多余的东西。人一做判断，就容易受到各种杂念和侥幸思维的干扰。特别是以"东西还能用"为标准来判断物品的去留时，杂物量不可能会减少。只要没什么大问题，东西一般都能用，反过来讲，我们要想想为什么东西都坏了还没扔。

> 已经判断为不需要的东西，决定是不是真要扔掉。

拖延"决断"
明明不需要，为什么还留下来？

决定扔不扔那些判断为不需要的东西，这就是"决断"。家里有没有明明不需要，却总是扔不掉的东西？判定"不需要"某些东西，却不选择"扔掉它"，不需要的东西就会一个接一个占领各个空间。好不容易翻越了"判断"的高墙，止步于"决断"确实是本末倒置。

> 决定扔的话是否马上扔掉了?

拖延"行动"
决定要扔的东西霸占空间!

在"判断""决断"的基础上决定扔哪些东西,只有做了"扔"这一步骤,家里的东西才会真正减少。但是为什么那些只需扔掉的东西还盘踞在储藏室呢?看看家里有没有你嘴上说着扔却扭头不管的垃圾和杂物?这就是拖延"行动"。这些东西在家里被偷偷地风干,变成老旧废物,不断地侵蚀着我们的领地,不久就会从各个地方跑出来吞噬我们的家。

谁都会犯错!

从拖延"判断"开始断舍离,必定失败!

"不积极思考"
"不主动决断""不及时行动"的人的借口

三句纵容"拖延"的迷惑之言

以假话之道，还治假话之身！
"只要脑子里冒出这句就可以扔了！"

后面这几句话源于人们"不想扔"的心理。那我们可以将计就计。只要脑子里冒出这三句话，我们就可以断定这并非"真正想留下的"东西，而是"犹豫着要不要扔"的东西，相当于"扔了也OK"的东西。这样反过来想，就会飞速提升断舍离的进度。

迷惑之言 ①

"但是、因为"

现在不需要的东西将来也不会需要!

常常把"但是以后可能会用上""因为刚刚才买了"之类的话挂在嘴边的人,一般来说是对未来比较焦虑,舍不得处理无用之物的"忧虑未来型"的人。他们的典型特征是过度囤积日用品。带着"但是、因为"的借口攒下来的东西最后都用不上,其实,东西用完之后再买完全可以。对于真正不可或缺的东西,完全用不上以"但是……""因为……"为借口。

迷惑之言 ②

"暂且、莫名地"

"拖延"是制造缺氧房间的开端。

对于各种杂物,总是带着"暂且不扔""莫名地想要留下"的想法,不对杂物进行判断、决断的人,其实是懒于思考的"逃避现实型"的人。上面这些口头禅恰恰说明了他的生活是以"物品轴"为中心的。家中空间本应属于自己,私人物品本应受自己掌控,但因为自身逃避思考,脱离掌控的杂物侵占了自己的空间。老实说,世界上并不存在什么东西是需要我们"暂且不扔""莫名地想要留下"的。

迷惑之言 ③

"好不容易"

沉湎于过去并不能收获未来!

"好不容易买回来……"在断舍离时,有些人面对衣柜里自己连袖子都没摸过的衣服,常常会这么说。这些人一般属于"执着过往型"。他们对手中的东西有强烈的留恋之心,甚至觉得再也买不到更好的了,这让他们很难去判断和决断。但如今世界上几乎没有再也买不到的物品,而那些买来不穿的大衣,以后穿出去的可能性基本为零。

一时兴起也OK！
初次断舍离该怎么做

废话少说，扔！

家中杂物堆积如山，并不是舍不得扔，只不过是没有开始扔罢了。因此，断舍离最重要的是"扔"这一行为本身。不扔只会增加麻烦，就算是一时兴起、心血来潮也没问题。先扔！因为行动才是开始断舍离的关键。

在判断扔不扔之前，
看看家里有没有确实完全不要的东西

初次断舍离，
先扔掉的是垃圾

最开始要做的不是整理衣服或处理纪念物，而是先从家里的"垃圾"开始扔。如果家里有实实在在的垃圾，就根本不用做判断或决断的挣扎，挣扎应该是扔完真垃圾以后的事。

放在家里准备扔的垃圾

家里有没有扎成捆的不要的杂志,堆在门口几星期没扔过?有没有摔碎的杯子、决定断舍离的家具?只要是要扔还没扔的东西就立刻扔掉。

废纸!钱包中的过期打折券

钱包最适合做断舍离训练。钱包其实是个小家。把每天的小票全部塞进钱包,钱包就成垃圾小屋了。整理不好钱包的人肯定也整理不好家。马上处理掉小票或过期的打折券。

☑ 冰箱中的过期调味品 和变质蔬菜

　　冰箱对我们的饮食生活非常重要。我们总想把所有新鲜食材一股脑地放进冰箱。如果冰箱蔬菜区出现快腐烂的黄瓜或是散落的生菜叶子，或是冰箱门上放满了过期的调味品，那这个冰箱其实已经死了。

☑ 不知为何留下来的干洗袋或装日用品的塑料袋

家里常常堆着很多不起眼的垃圾,比如说衣服干洗后套的袋子、装日用品的箱子或塑料袋、拆开家电餐具包装后遗留下的箱子。东西买回来后,要立刻把箱子或包装纸剥下来扔掉。东西用了才有价值。与其放任它们在箱子里沉睡,还不如收拾筛选后做断舍离。

懒人也明白的"扔掉就好"

初次 断舍离该怎么做

一点点地扔掉垃圾，心情也就一点点地轻快起来！

≥ 断舍离的加速要点！≤

先从"扔"开始

① 不要因为放得下就放满东西，要刻意"留白"

② 去掉隔板，先从收纳箱、收纳式家具开始扔

③ 只留"精英团队"

只靠这**三点**就能加速断舍离！

| **断舍离的奥义** | 放弃一件无用之物，就腾出一点空间 |

| **断舍离的奥义** | 处理掉一件多余之物，就减少一份负担 |

| **断舍离的奥义** | 减少一次浪费，就恢复一分精神 |

从杂物洪流中拯救自己和家！

　　从下一页开始，我们将逐一从懒散的人家里挑出随处可见的杂物和扔了也无妨的东西。基本上不存在什么扔了会后悔的东西。来吧！一件一件地往外扔吧！

扔掉 **18** 件 厨房杂物

啊？在这种地方也能做出美食？

不堪入目的 厨房

变成杂物巢穴的厨房，又脏又不好用！

厨房是烹饪用具、餐具、存储容器、清洁用品等日常杂物的聚集地。这些杂物常常是用完洗、洗完放地不断循环。如果收拾不好就很容易变得复杂麻烦。另外，主人往往在宣传"省时省力"的广告的诱惑下，不停添置新的厨房用品。"真想把饭做好""想做个好妻子、好妈妈"，因此，我们过度依赖各种器具。但是不管多方便的器具，杂物一多，想用时很难找到，这样只会浪费时间、耗费精力，而且，清洁起来费时费力，很难保证干净清洁。

厨房的一个问题是收纳用具会越来越多。为了把厨房收拾干净，我们又买来收纳箱装东西。希望我们能早点意识到这种与初衷南辕北辙的做法。不用收纳箱，也能把东西安排得井井有条，使其干净整洁，这样才是断舍离后的崭新厨房。

> 扔掉
> **18**件
> 厨房杂物

留下来的湿巾赠品是不是全都又干又硬，不能用了？

01

怕浪费就不要赠品！

一次性餐具

像便利店、小吃店的打包盒或点外卖送的一次性湿巾和筷子，我们会把没有用完的囤在家里。这些都是平时家里用不上的东西。其实，越是喜欢囤这些东西的人，越是会在购物时要赠品。"不要白不要"纯粹是借口。要先养成拒绝一次性餐具的习惯。

02

总也少不了的是无用之物

购物袋

现在使用购物袋需要收费,家里的购物袋会慢慢减少。另外要特别注意大量的环保袋。可以试试只留三个袋子,看看能不能过日子。这也算是上堂"知足"课吧。

> 扔掉 **18**件 厨房杂物

03

是否还在用劣化的器具？

储藏容器

塑料材质的收纳容器时间一长会变形变味。内部有怪味，颜色灰不拉叽，有明显的使用痕迹，等等。立刻处理掉吧！尽量只留搪瓷或玻璃的，容易消毒，不易劣化。饭菜能在短时间内吃完的，用盘子加保鲜膜保存就足够了。

● 吃完果酱后会剩下瓶子，你是不是总想着"用这个装点什么吧"，就把瓶子洗干净放在一边？说的就是你！如果不用这个瓶子的话，你就是在积攒垃圾而已。

04

安全风险较高!

有裂纹、缺口的餐具

那些有裂纹、缺口的餐具,无论自己多喜爱,必须断舍离。这些餐具耐久性差,稍微磕碰下就容易碎,非常危险。处理掉现在用的危险餐具,把别人给的礼品餐具或是落灰的高级餐具全拿出来用。你的生活品质能一下子上一个台阶。

对于特别喜爱的餐具,
你有经常保养的心理准备吗?

喜爱的餐具不小心出现缺口、裂纹,如果舍不得扔掉,可以拿去好好修理保养一下。餐具修缮的代表技术就是"金缮"。这是一种用漆接合缺口裂纹处,并用金粉等覆盖的日本传统陶瓷修复技术。这种修缮技术做工讲究,甚至能为原本的器具锦上添花,让人更加爱不释手。现在市面上也有金缮用的手工器材,在家里也能简单DIY。如果自己真的对餐具非常珍爱,就要多保养管理。你有这个心理准备吗?

扔掉 **18** 件 厨房杂物

05

不及时清理厨余垃圾的缘由

洗碗槽里的三角框

你真的需要洗碗槽里的三角框吗？这个三角框会让厨余垃圾堆积，破坏厨房的整洁感，还需要你每天花时间去清理，确实不是什么好物件。把厨余垃圾装进专用塑料袋里，每次做完饭就顺手扔掉不是更卫生吗？洗碗槽空间也会变大，清理起来更方便。三角框本身就是"垃圾"。

06

存量远多过使用量!

厨房用具

　　厨房里的长筷和大小汤勺、餐具筒、烹饪工具是不是太多了?家里的燃气灶眼一般来说三个就够,一个人做饭的话甚至用不了这么多。长筷也不必跟锅碗配套,每次洗一洗后使用,厨房也不会显得太过杂乱。有太多筷子,但用到的只有一两种的话,其他的都可以处理掉。

> 扔掉 **18** 件 厨房杂物

07

撤掉外观不洁净的杂物

脏兮兮的抹布

　　厨房有很多擦台布、擦碗布、擦手布等抹布。虽然每次用完都清洗，但是时间一长，上面的污渍就比较显眼。出现破洞或是污渍的话就立刻处理掉。抹布也要"新陈代谢"，这样才能保持厨房干净整洁。

● 觉得抹布用起来比较麻烦的话，改用厨房用一次性纸巾也可以。

> 囤各种尺寸的储物袋的人，用 M 号就 OK！

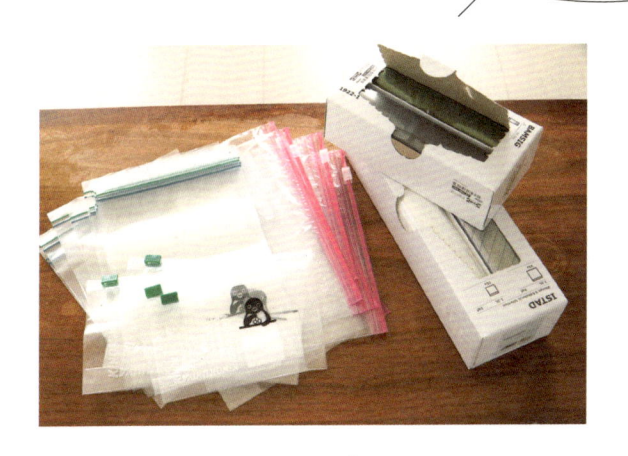

08

浪费的恶性循环。
真的环保了吗？

不再用的储物袋

用于保存或冷冻食物，方便做简单菜肴的可封口储物袋，因为只用过一次，还能用，很多人会清洗后再利用。但是这么做不卫生，从环保角度来看，洗东西还要费水费时费精力。对于这种抠抠搜搜的"环保"方式，我们可以说拜拜了。

> 扔掉 **18** 件 厨房杂物

09

这是让厨房杂物堆积的元凶！

收纳盒、收纳箱

一拉开抽屉，里面有分区装餐具的盒子，还有储藏食材的收纳盒等，零零碎碎的东西越多，收纳的箱、盒也就越多。这里塞塞，那里挤挤，到最后厨房变得乱七八糟、杂乱不堪。因此，第一步就是减少这些收纳用品。比如撤掉格子收纳盒，能把小物件减少到一定的量。要达到不用收纳箱收纳，也知道什么东西在什么地方的程度。换句话说，就是要明确自己能掌控的物品的量。

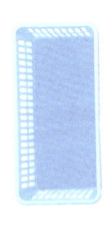

10

怪味或积灰

开封的纸杯、纸碟

最能代表"将来可能用得上的"就是纸杯子、纸碟子了。不过,你真的需要吗?"当然了,有客人来嘛,要聚餐嘛"之类的理由不胜繁多,不过,你可以换个角度想想,如果你去别人家做客,主人用纸杯子、纸碟子招待你,你会有何感想?其实,家里基本上没什么机会用到纸杯、纸碟。尽快处理掉吧,这些东西你根本不会用。

扔掉 18 件 厨房杂物

11

占空间的东西坚决扔掉

沥水架

试试把沥水架扔掉,看看能不能生活?垫一块干布沥水就够了。而且,这样也能促使我们把长期不用的餐具擦擦收拾起来,让家里更整洁。

● 铺块干布,倒扣餐具,沥完水还能收起来,腾出地方方便做其他事。

12

用不上就处理掉

超过人口数的筷子

如果是四口之家的话,准备四套碗筷刀叉就足够了。但不知为何,家里有很多筷子。按人口数算算需要用多少筷子,多余的马上处理,这样能节省找筷子时间。

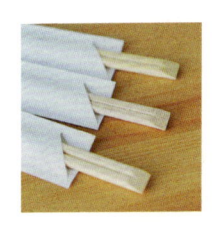

● 招待客人用质量较好的一次性筷子,既卫生,又让客人放心。

> 扔掉 **18** 件 厨房杂物

13

用不了，不好用的，马上处理！

变成废物的小家电

你家里有没有搅拌机、破壁机、面包机这种图方便买来，却总是用起来不称手的小家电？常常看到有人想节省切菜切肉的时间，就买来搅碎机，结果用完清理起来太过麻烦，只好又回到菜刀菜板模式了。如果有长时间不用的小家电，借此机会马上处理掉吧！

14

挂壁收纳看起来方便，其实费时费力

挂壁收纳

墙上的挂钩或架子容易招油烟、水渍或灰尘，特别不卫生。虽然说放在那里方便拿取，但其实长期放在外面，用的时候还要清洗，费时费力。与其挂在墙上，还不如通过减少挂具来减少物品，这样反而更简单、更方便。

> 扔掉 **18** 件 厨房杂物

> 放在盒子里长期不用的东西,现在要么用起来,要么处理掉!

15

生活是自己的,不是留给回忆或别人的!

纪念品、礼物

断舍离是按照"东西对自己来说是否必要"的标准来判断东西的去留。如果标准换成了为别人考虑,我们就会犹豫要不要扔。特别是别人给的纪念品或礼物,很多人觉得"这是别人的心意""下次见面会不会被人注意到东西没了",总是放不下。但是家是自己的家,什么东西要不要自己最清楚。

16

真 正 要 款 待 的 是 自 己

客人用的餐具

有人为客人专门准备餐具！这么做才真是"浪费"啊！平时吃饭更应该用自己喜爱的餐具招待自己。越是精致的餐具，越要在平时用起来，客人来了也可以用。其实餐具也在等待大展身手的好机会。

> 扔掉 **18**件 厨房杂物

17

这些东西可能也用不上？

日常"必备"家电

对于家家户户必备的家电，你可以想想对自己而言是不是真的必需。比如说电饭煲，如果家里人口多，每天做饭任务重，那电饭煲是必需的。但如果是经常在外面吃饭的独居者或是老年夫妻，可以不用电饭煲，每次吃米饭就用锅煮饭，可能会更方便、更好吃。同样像洗碗机、微波炉等，这些所谓的日常必备家电，要结合自己的实际情况考虑需不需要。

18

架子多东西就多

细分杂物的隔板

餐具架子和冰箱里有很多隔板。放东西的隔板或架子多了，东西也就越放越多。如果可以处理掉收纳盒，下一步可以抽掉餐具柜或冰箱里的一个隔板看看，这样方便拿取里面的东西，冰箱的空间也显得更大了，看起来更美观。厨房里面全是自己喜欢的东西，没有一件多余的杂物，这感觉真的会很不错。

40

一过期就扔掉！

冰箱内
的断舍离

在"扔不得"和"断舍离"之间犹豫的人,他们的冰箱里常常放着很多明显不能吃的食品。这些食品是在烦恼要不要扔碟子或其他厨房用具之前,首先要毫不犹豫扔掉的。食品都有明确的保质期,过期直接扔掉即可,无须多想。食品断舍离非常适合练习扔东西。

首先要扔掉的东西 1

过期食品

断舍离新手可以先从那些无须犹豫的垃圾扔起。检查一下冰箱和食材储藏盒里饮料之类的食品的包装,看看保质期,一过期就马上扔掉。这里不需要一丝一毫的任何"犹豫"。然后先解决快过期的东西。另外,那些没开封就过期的东西也可以直接扔。

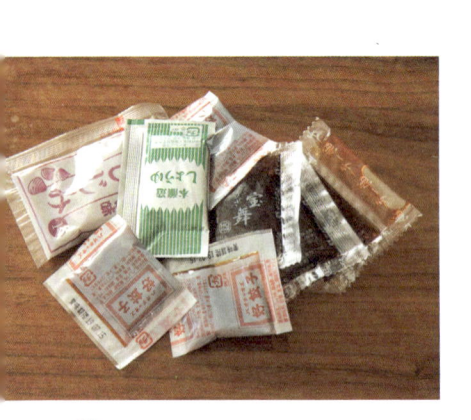

首先要扔掉的东西 2

家常菜的小包调味料

打包的食物里常常带着像寿司用的小袋酱油、牛肉盖浇饭用的红生姜或辣椒粉、鳗鱼上撒的胡椒粉等小包调味料。吃不完的我们会直接放进冰箱里,但是基本上之后也没用上,一直摆在里面。这些东西上面没写保质期,一旦存起来就想不起来要扔掉。所以现在可以立刻处理掉。

首先要扔掉的东西 3

只会增加杂物的**收纳盒**

冰箱里收纳盒越多,东西就越多。撤掉收纳盒,只储藏食品。

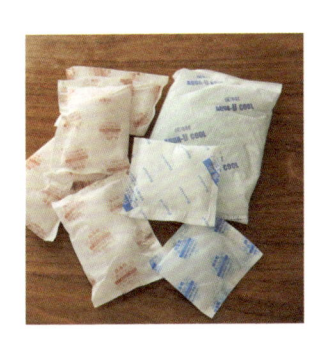

首先要扔掉的东西 4

几乎没有出场机会的**冰袋**

很少有机会用上的冰袋,打包回家后要立刻扔掉,或是留下少量,多余的立刻扔掉。

首先要扔掉的东西 5

焦虑的表现——**过多地囤食品**

像家里的一些调味料或是以备不时之需的方便食品、罐头等,如果量太多,来不及吃掉就容易过期。现在网购非常方便,基本上不存在什么好几天买不到东西,为温饱发愁的情况。

首先要扔掉的东西 6

冰箱里的变质蔬菜

打开冰箱里放蔬菜的格子,如果里面有坏掉的生姜片、快冻黑的生菜、软绵绵的黄瓜等很多明显不能吃的蔬菜,现在就马上处理掉。这种有问题的食材长期放在冰箱里非常不卫生。清理过期蔬菜非常重要。

首先要扔掉的东西 7

不合口味的食品

每个人可能都收到过别人去海外旅行带回的土特产,或是自己尝鲜买的食品或调味料等,如果这些东西不合口味,有人会觉得"反正又没过期,也能吃",就把它们一直放在冰箱里。这些东西可以说百分之百会放到过期。如果东西不合口味,就处理掉。

首先要扔掉的东西 8

开封时间过长的食品

食品包装上的保质期是开封之前的截止日期。一旦开封就容易加快变质,开封后的食品如果一段时间内不吃或是快过期就马上处理掉。特别是需要干燥保存的干菜干货、粉状食品等,一开封就容易受潮变质,有时候保管不好还会生虫子,要仔细检查。

症结 1　一辈子也不会去打开的袋子和箱子

症结 2　挨挨挤挤的大衣真可怜

收纳箱造成衣柜的杂乱无章

症结 3

里面真的有想穿的衣服吗？

缝隙塞得过满　症结 4

扔掉 20 种 衣物

满柜子衣服,没一件想穿!

丧失新鲜度的衣橱

现在不穿就立刻扔掉,只留下应季的衣服!

"衣橱里衣服都塞不下,还是找不到一件想穿、能穿的",这是所有衣物囤积者的烦恼。有很多人舍不得扔的东西就是大衣。很多人每个季节都会买新衣服,上一年买的就很少穿出去。这种"舍不得扔"的借口,主要是因为忽略了"此时此地的自己",总觉得"买的比较贵""等自己瘦了就能穿""必备衣服嘛,就得有",这种"物品轴"的思维方式让我们犹豫着不想扔。

断舍离也讲究大衣的"新鲜度"。每年的时尚潮流都会变化,人的体形也在变化,以前合适的现在不一定合适。可是以前的衣服却占了衣橱的大部分空间,纯粹是浪费空间。老旧的衣物总是盘踞在衣橱里,自己穿新衣的好心情也会减少。那就从此刻起,只留下自己喜欢的衣服,创造新鲜度一流的衣橱。

> 扔掉 **20**种 衣物

01

你 觉 得 穿 着 这 样 的 衣 服 会 好 看 吗 ?

有破损或污渍的衣服

　　下摆开线、破洞、褪色、扣子脱落……只是稍微有一点污垢和破损，人们很难放弃喜欢的衣服，但是污垢和破损意味着这件衣服已经结束它的使命了。无论多么喜欢，穿着这样的旧衣服也不会显得得体。所以先谢谢衣服以前给你带来的好心情，然后将衣服处理掉。

02

看不见的地方更要好好收拾！

穿旧的内衣

"内衣穿在里面，别人看不见，稍稍有点老旧或是破洞开线也没问题"，你是不是也是这么认为，因此仍穿着破旧的内衣呢？如果就因为"别人看不见"才穿得邋邋遢遢，这种邋遢感也会不经意地流露出来。有破洞的内裤、汗渍明显的内衣要马上扔掉！

03

只是垃圾而已！

套着外罩的衣服

衣物较多的衣橱里面，总是挂着一溜从干洗店拿回来套着外罩的衣服。套着外罩是衣物未穿的铁证。一回到家就要丢掉那些完成任务的干洗外罩。那些长时间套着外罩的衣服扔了也没什么问题。

> 扔掉 **20** 种 衣物

> 我的领口不是破破烂烂的!

04

邋 遢 的 象 征 物!

皱巴巴的家居服

很多人会把穿旧的T恤、长衫、连衣裙等当作家居服来穿,下楼取快递或是外出买点小东西时也穿着。这些衣服并不是真正的家居服,只是"破烂衣服"。赶快告别不合适的皱巴巴的家居服或睡衣吧!

05

减肥之后就想买新衣服!

瘦了就能穿的衣服

有些衣服太瘦穿不上,有些衣服网购后发现尺寸太小。"瘦了就能穿"其实是胡扯。你如果瘦了,你想要的东西也会改变。现在不穿的衣服,毫不犹豫地扔掉即可!

> 扔掉 **20** 种衣物

06

绝不会再穿的袜子为什么还留在家里？

单只袜子丢了

袜子多了，绝对会有单只玩失踪的。家里出现单只袜子就是保管不好东西的证据。请量力而行，自己能保管好多少就留多少吧！

07

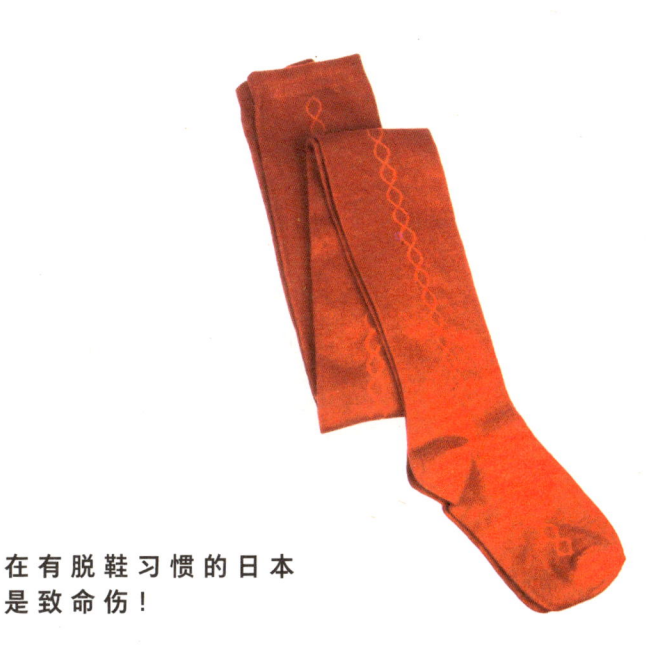

在有脱鞋习惯的日本是致命伤!

起球的连裤袜

连裤袜或长筒袜多次洗过后就会起球,显得皱巴巴的。如果脚尖部位起了毛球,以为不用脱鞋就可以了,就这样穿上了,万一哪天碰到要脱鞋的场合一定会尴尬。每天早上还要花时间和精力从抽屉里找可以搭配的长袜子,挑挑哪些起球不太严重。马上处理掉起球严重的长袜子,保持双脚整洁干净。

扔掉 **20** 种 衣物

> 衣物是不是这样落在角落里?

08

已 经 想 不 起 自 己 有 这 件 衣 服 了!

落在衣橱角落的衣服

有时候衣服会偶然从衣架滑落,掉在衣橱或收纳箱的角落。这也是断舍离中常常碰见的问题。有时候不小心发现它们,你会觉得很惊喜。其实这种长时间没发现的也只是"不穿也没什么大问题"的衣服。借此机会尽快处理掉。

09

卖 不 掉 的 就 扔 掉！

转卖衣服

那些自己不穿了但觉得"应该可以卖给别人"而保留下来的衣服，真不知道什么时候已经占据了大半个衣橱。应该可以卖？是不是真的要卖呢？如果只是想想没有行动的话，其实相当于留下一堆无用的废物。卖衣服费时费力，还不如尽快扔掉。

> 扔掉 **20**种 衣物

10

难 得 的 时 尚 品 变 成 废 品 !

破旧的包包

除了衣服,衣橱里面多是包包,有脏兮兮的,有破损或有划痕的,有皮革已经皱了的,还有蹭破掉皮的。这些东西要尽快处理掉。寒碜的形象也该终结了。这些破包包完全抹杀掉了时尚感,要马上处理干净。

● 使用同一类衣架让衣橱看起来整洁统一。

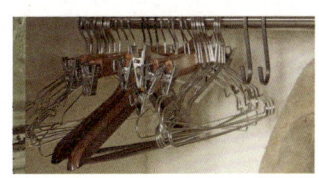

11

破坏衣橱的美观

铝制或塑料衣架

衣橱看起来乱七八糟的原因，除了杂物太多，还在于衣架不整齐。最好不要用干洗店的铝制或塑料衣架，自己喜爱的衣物被挂在上面怪可怜的，大衣挂在上面也容易变形。衣架统一也能让衣橱看起来美观，衣服也会显得漂亮时尚。

扔掉20种衣物

12

不能囤积太多！

高档衣物的购物袋

很多购物袋设计精美，常常会被人当作分装袋或礼物袋收起来。购物袋有很多可利用的地方，但是你手边的储备量是不是太多了？如果你小心翼翼地珍藏着，结果却不使用，让购物袋折叠堆积，落满灰尘，那它们就变成不必要的垃圾了。

● 我们常常会囤积品牌商品的包装袋。可以和购物袋一起处理掉。

13

单独用的机会为零！

找不到配套衣服的附属品

连衣裙的腰带、衬衣配套的方巾、包包的两条肩带等，衣服和包包有很多这样的附属品。经常是衣服、包包处理掉了，却留下很多附属品，准备以后找机会用。还有衣服的备用扣子也容易积攒，趁这个机会做个了断吧！

扔掉 **20** 种 衣物

14

有 时 你 想 要 的 不 是 衣 服 !

买回来从未穿过的衣服

　　喜欢买衣服的人,他们的衣柜里总有几件买回来一次也没穿过的衣服,有的连标签都没拆。可能你买衣服是为了减压或填补内心的空虚,但是处理掉这些东西,你的内心也会发生新的改变。狠狠地扔掉它们吧!

15

"时尚轮回"几乎是迷信！

以前流行的
现在却没穿的衣服

对于那些基本上完好无损的衣服，断舍离的标准是有没有长时间穿出去。比如说去年流行的却没有穿的衣服，今年穿出去的可能性为零。常常有人说"时尚轮回"，但我们并不知道什么时候会轮回，实际上每个时期都有不同的时尚品位。

> 扔掉 **20** 种 衣物

16

最终常穿的只有其中一种

多色的同款衣服

喜欢某个款式就买好几种颜色的，喜欢高领的就买好几件……其实可以专门挑一件自己喜欢的颜色合适的衣服留下来，而不是囤积同一款式的好几件。

有好几条牛仔裤，其实常穿的就一条。

17

破坏衣橱的好品位!

塑料收纳箱

衣橱断舍离后变得宽敞美观,但是收纳箱的廉价感很扎眼。扔掉收纳箱,加速断舍离进程。很多人就是从收纳箱、收纳盒开始断舍离的旅途,这是个成功的开端。

> 扔掉 **20** 种 衣物

18

面向下一季的断舍离

这一季基本不穿的衣服

实时地对衣物进行断舍离式判断很重要。冬季接近尾声，马上就要换上春装了，那这个冬季基本没有穿的衣服就可以处理掉了，这也是为以后的衣服腾出地方。

19

衣服少，换季不费事

断舍离换季衣物

每到一个季节就要替换衣橱的衣服，这个倒是没什么，但是每次都要仔细做衣物保养，这确实是个大体力活。其实这也是个断舍离的好时机。换季衣服也是断舍离的对象。只要能看清衣物的本质，衣橱里即便放着一年四季的衣服，看起来也整洁宽敞。

| 扔掉 **20** 种 衣物 |

> 包包只有拎起来用才有价值。

20

"真可惜"的恶性循环!

昂贵的衣服和包包

把那些皱巴巴的旧包包扔掉后,是不是还觉得有点不痛快?为了靓丽出门而狠心"剁手"的连衣裙、为了奖励自己而奢侈一把的包包等,这些高档衣服和包包我们总是舍不得扔掉。但是,无论东西有多高档,如果不是必需品,并没有发挥它本身的价值,放在衣橱里面吃灰,倒不如就此放弃。另外,越是高档品就越会为保养而装进布兜,不怎么拿出来用。所以好不容易拿到手的漂亮衣服、高档包包,多拿出来晒晒用用才更能发挥其价值。

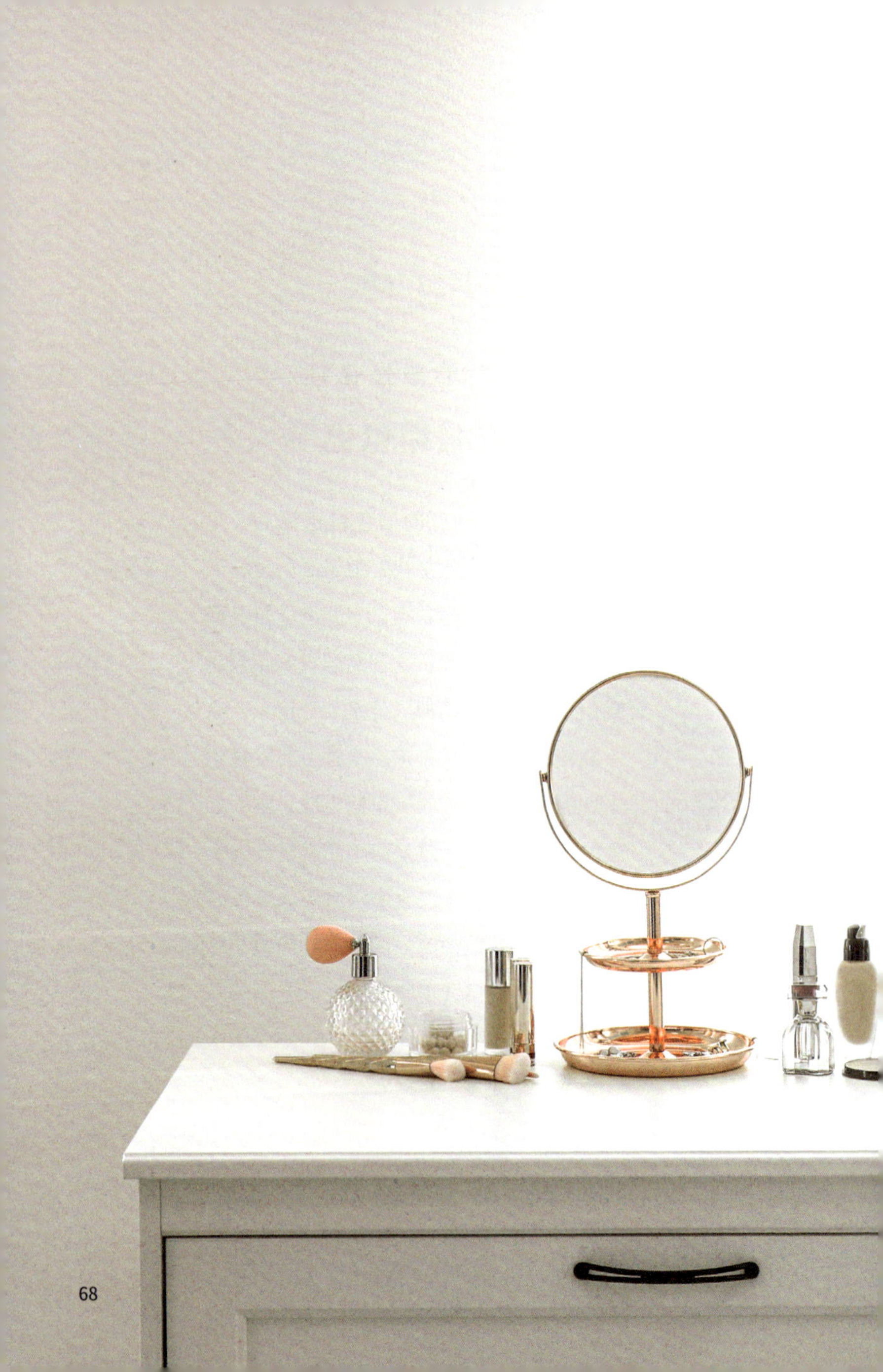

整理仪容的地方
被弄得乱七八糟
真可惜!

进行心动的
亮丽化妆台
断舍离!

要扔的小件 1

驴年马月才用得上的东西却越买越多

试用装、赠品

买化妆品附赠的试用装、住酒店带回家的洗漱用品……虽然这些小包装的护肤品或一次性的日用品方便旅行携带,会囤在家里备用,但是,实际用得上的机会不多。这些赠品基本上越积越多,很多东西还没标注保质期,更是容易让人失去处理的动力。如果有试用装或赠品,立马用掉,否则就处理掉。

要扔的小件 2

直接接触肌肤的旧东西要撤掉!

两年前或更早买的化妆品

虽然化妆品的厂家各有差异,一般来说未开封的化妆品保质期是三年左右,一开封,化妆品容易氧化或变质,尤其是唇膏类的化妆品直接接触嘴巴,容易滋生细菌。化妆品和食物一样要新鲜、有保质期。开封使用两三年后质量会逐渐劣化,颜色、味道有时候也会出现问题。所以两年或更久之前买的化妆品一定不要用,马上处理掉。

要扔的小件 ③

想变漂亮，化妆工具要漂亮

脏兮兮的化妆用具、化妆包

你是否能保持化妆棉、化妆刷、化妆包等化妆相关的小物件整洁干净呢？如果化妆刷完全没洗过，化妆棉也变得老旧有破洞，化妆包里落满灰尘，我只能表示"无语凝噎"。自己要想漂漂亮亮，用的东西也要保持漂漂亮亮。100日元（约合人民币5元）也能买到各种化妆刷。如果你不能勤保养的话，用便宜的化妆品，做到定期更换，也能保持卫生。

要扔的小件 ④

难上妆说明东西用旧了！

又干又硬的指甲油

指甲油和化妆品一样容易变质。等想起来用时，却发现指甲油又干又硬，那真是可惜了。有些明显不够涂手指、脚趾的指甲油可以立刻处理掉。

要扔的小件 5

氧化太恐怖，每年都要换！

上一季的防晒霜

夏季必备的防晒霜，很多人用不完就留到第二年再用。现在为了避开紫外线全年都应该涂防晒霜。如果冬天不准备涂，就赶快处理掉夏天没用完的防晒霜吧！

要扔的小件 6

只剩下单只，也坚决不留！

单个的耳钉、耳环

金属饰品中，耳钉、耳环都是一对或一副。丢了其中一只，另一只就不再用了。如果当时舍不得扔，那现在还是把一些不成对的耳钉、耳环爽快地扔掉吧！如果真的太喜爱那种款式，可以找找相似的首饰，买一副新的用。

要扔的小件 ⑦

不修理,就扔掉!

舍不得的首饰

很多时候我们因为价格贵、有感情,会把基本上不佩戴的首饰收藏起来。但是,选首饰本来就应该选择适合自己、适合现在的东西。如果首饰坏了还想用,就早点拿去修理。另外,像一些自己特别喜欢但是款式已经过时的首饰,可以拿去首饰店重做样式。比如把戒指做成耳钉之类的。现在想戴什么款式就把首饰改改,变成新首饰佩戴。

● 外盒或标签上写着"12M""24M"的化妆品,"M = month",意味着使用期限是开封后12个月、24个月。

症结1 无意义的内饰

症结2 连浴池边都搁满东西

家人用的洗漱用品四处摆放

症结5 乱放乱扔的杂志

症结4

症结3 几年没洗过的浴室脚垫

杂乱无章的卫生间反映出主人懒散邋遢的一面！

> **扔掉 20 种 清洁用品**

清洁身体的地方却一点都不"清洁"!

乱七八糟的
洗漱台、浴室、厕所

在卫生用品脏乱的环境下也能清洁自己吗?

洗漱台、浴室、厕所等清洁区域——Sanitary 在英语中指的是"卫生间",也就是洁净身体、整装打扮的地方——如果这些地方堆满了乱七八糟的杂物,很难保持清洁、卫生,那么空间就会丧失原有的功能,实际上是本末倒置。要保持洁净,最重要的是严格控制物品数量,建立一个易于清洁的环境。

在这些清洁区域经常会看见很多囤积物。洗发露、沐浴露、牙刷、清洁用具……所有能放东西的地方都填满了杂物。日常用的东西直接扔到台面上,浴室的池子边沿也放满了洗发露等清洁用品,厕所还堆着书和杂志。这里本来应该经常打扫,却因为杂物过多迟迟不能进行,以至于越来越脏,陷入了恶性循环。

清洁区域有明确的功能,需要保持整洁干净,把不需要的东西全部清除。

> 扔掉 **20** 种 清洁用品

01

一人一个，不多不少！

超出人数的牙刷

不知为何，家里牙刷的数量总是比人数多。如果用旧牙刷做清洁，那就把它放在其他地方保管。客人用的牙刷有两支就足够了。有新牙刷就把旧的扔掉！

02

用这种破毛巾擦身体，感觉会好吗？

老旧毛巾

线头明显、褪色发黑、变得干干瘪瘪的毛巾，还是扔掉吧。使用最低数量的毛巾，并经常清洗，这样就不会占用很多空间，也方便定期更换。洗完澡后，用软乎乎的干净毛巾好好擦干身体、擦干脸，心情会无比畅快。其实真的有必要区分浴巾、一般毛巾、擦手毛巾吗？现在先不管数量多少，先减少毛巾种类。

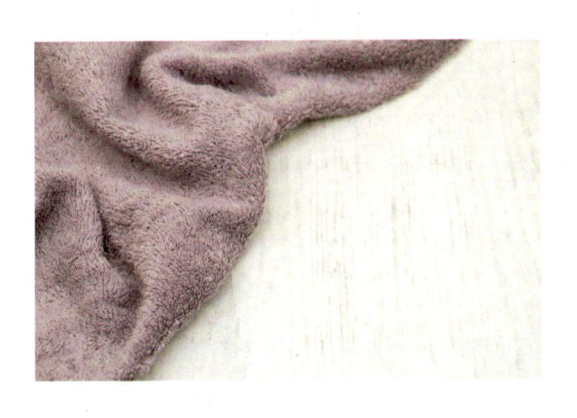

> 扔掉 **20**种 清洁用品

03

清 洗 太 麻 烦 ， 干 脆 弃 之 不 顾

浴室脚垫

洗完澡后脚踩的垫子，方便擦干双脚，以防弄湿更衣处的地板，但是很多懒散的人会嫌洗脚垫太过麻烦，放着不管。如果连上回洗脚垫的时间都忘记了，还是早点扔了为好。

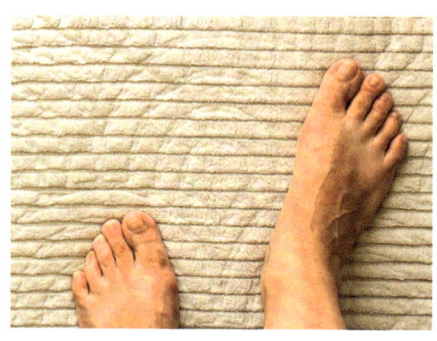

- 如果觉得没有脚垫好像少了点什么，也可以用硅藻土材料的脚垫。这种脚垫清洗起来非常简单，喷上点除菌剂，再稍微擦擦就可以了，用起来非常方便安心。

04

只要保持清洁,不必担心任何怪味!

厕所除臭剂

　　很多把卫生间收拾得干净整洁的人的家里,一般不放除臭剂。现在有些厕纸含有除臭成分,这已经足够了。你看看自己家是不是因为担心没打扫,感觉有怪味才放的除臭剂?其实只要好好打扫,多通风换气就OK,完全不需要除臭剂。

> 扔掉 **20** 种
> 清洁用品

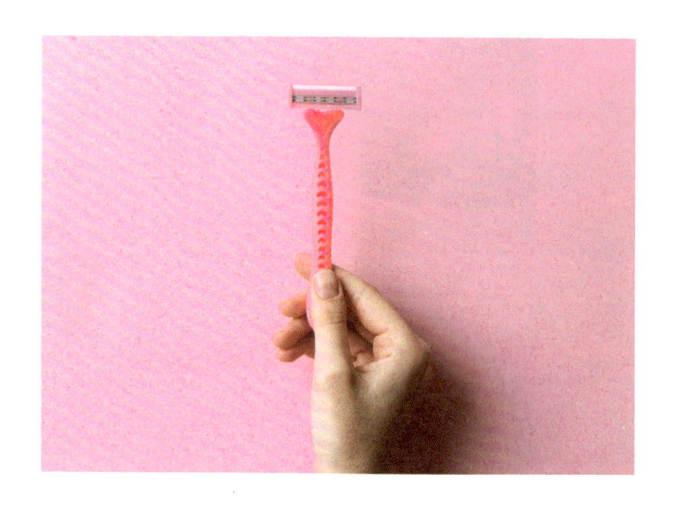

05

这种保养方法太危险！

马上要生锈的剃刀

洗澡时人们会清除皮肤上多余的毛。常把剃刀搁在浴室或洗漱台，剃刀容易受潮生锈。不定期更换的话，就容易划伤皮肤。有些东西放的时间稍微长一点就要马上处理掉。

06

清洗东西哪有擦一擦轻松!

马桶盖 & 脚垫

马桶座圈、马桶盖、马桶脚垫、厕纸盒盖等,安装马桶需要安装这些东西。这些东西清洗起来非常麻烦。地板脏了就擦一擦,马桶座圈、马桶盖每次简单擦擦更卫生。

扔掉
20种
清洁用品

> 你上次更换马桶刷是什么时候？

07

**用一次性的东西，
连懒人也觉得很简单！**

马桶刷

马桶刷是清理厕所的必备之物。不过长时间不更换，容易带来卫生隐患。现在市面上流行一种一次性的马桶刷，你可以用用看。这种一次性马桶刷的刷头部分含有清洁成分，不需要另买洁厕剂。脏东西消失了，心情也会好起来。

08

**买了新东西，
旧东西被搁在架子上休眠**

没用的洗涤剂

洗涤用品日新月异、层出不穷。有清洁力更强的，有对皮肤没伤害的，有绿色环保的，各种各样。我们常常忍不住囤积各种新产品。新产品的效果越好，旧东西也逐渐不怎么用了，等想起来的时候才发现洗漱台下面放了一大堆旧产品。趁机处理掉吧！

> 方便好用的洗衣液和洗衣凝珠让洗衣粉剩了下来。

扔掉 **20** 种 清洁用品

09

站着冲澡就不需要这些！

浴室凳子

站着冲澡，其实用不到这些凳子。很多凳子摆在浴室中，时间一长容易长毛发霉，黏糊滑腻。如果身体允许，可以试试站着冲澡。地板上杂物少了，打扫起来也方便。

再好的东西，不用就没意义！

10

囤了不少，到最后也没用上

专门的美容用品

洗澡用的磨砂膏、洗头用的护发素、洗完澡用的面膜、按摩油等，是专门的美容用品，不是常用的护肤用品。看看家里有没有你一时兴起囤下来却嫌麻烦还没开封的美容用品？趁此机会赶快处理掉吧！

扔掉 20 种清洁用品

11

心 血 来 潮 地 囤 货

口腔用具

牙线或漱口水等口腔用具,当时感觉自己需要就囤下来,但是每天也只有刷牙时才用一下,有些甚至都没开封。有些不是小包装的牙线等用品,一开封就容易变质,如果开封后长时间不用就全部处理掉。最好不要各种款式瞎买一通,或是喜新厌旧,只有坚持保护牙齿,认真清理口腔,买口腔用具才真正有意义。

12

使用量和存货量差别太大！

大量的衣服夹子

在外晒东西时用的衣服夹也容易劣化。如果囤货太多，就挑一些干净结实的，立刻处理掉那些有污渍的、老旧的夹子。

● 如果有带夹子的晾衣架，就不需要用单独的夹子。

扔掉20种清洁用品

13

几乎没有突然要借宿的客人！
待客用的毛巾、牙刷

客人会提前告知留不留宿，所以在客人到来之前准备用具也来得及。万一客人突然要留宿，去超市就能买到，用不着过早囤客用用具。

- 收到作为礼物的新毛巾，就淘汰旧毛巾。定期更换毛巾也有利于新陈代谢。保持毛巾干净整洁，客人来了也能用。

> 杂物的数量太多，看起来很乱！

14

一个人，一颗脑袋，一个身体

各种洗发露和沐浴露

泡在被瓶瓶罐罐包围的浴池里，你会有什么心情？为什么不试试像高档酒店那样仅放几件有限的小瓶装的沐浴用品呢？这样一来空间也敞亮，心情也跟着轻松起来。虽然不能马上做到每种只放一件，但是如果有三四瓶的洗发露，坚持缩减到两瓶以内，用完再买。

> 扔掉 **20**种 清洁用品

15

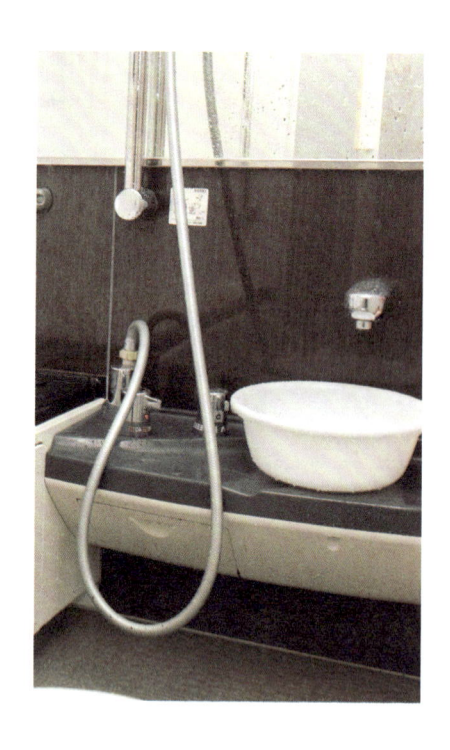

有喷头，这些就不需要了！

洗脸盆

　　如果没有淋浴喷头的话，洗脸盆一定是不能少的。但是现在一般家里都装有淋浴喷头，如果还不知何故留着以前的洗脸盆，可以趁机处理掉。放在浴室，容易滋生水垢，也会发霉滑腻，如果不用洗脸盆，却搁在浴室，反而会增加多余的工作。

16

可视化,包干净!

下水口的盖子

下水口的盖子也是应该断舍离的对象。盖上盖子,就看不见下水口,我们很容易对日常清洗后的污垢视而不见。如果撤掉盖子,就容易发现下水口毛发淤积,看上去让人不舒服,这会促使我们马上清洁打扫,养成及时清理下水口的习惯。

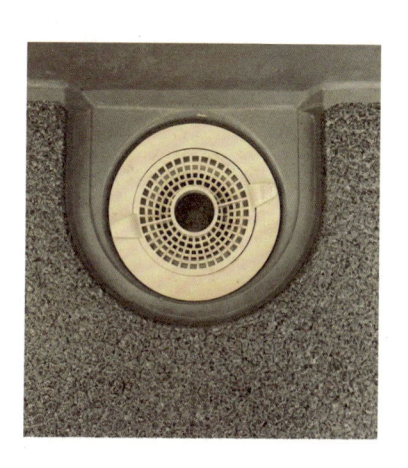

扔掉 **20** 种 清洁用品

17

用一次性纸巾保持清洁！

擦手毛巾

挂在厕所或洗漱台的擦手毛巾，每次都要替换、清洗，想想就麻烦得不得了，干脆用上一次性的纸巾，既能擦干净手又省去清洗的麻烦，不爽吗？特别是疫情期间，为防止疾病传染，用一次性的纸巾更放心。

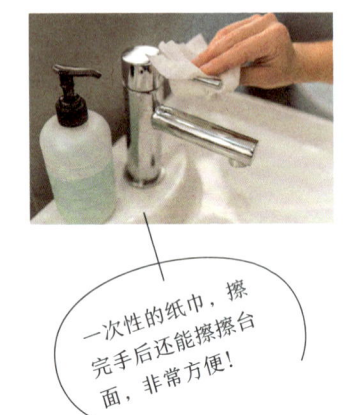

> 一次性的纸巾，擦完手后还能擦擦台面，非常方便！

18

有架子，才放东西！

置物架

认为洗衣机上的空间不用就太浪费了，我们会买来置物架放上去。有了置物架，就有了收纳空间，我们会下意识地放置很多杂物。干脆把整个置物架撤掉，趁机也压缩一下杂物量。

> 扔掉 **20**种 清洁用品

19

撤掉后提高洗澡效率!

浴池的盖子

在浴池上盖盖子是个日常的惯例,很少有人会想到撤掉盖子。如果浴池有加热功能,水凉了可以直接再次加热。盖子容易生锈发霉,洗完澡还要费时费力清洗晒干。这就是可有可无的典型代表。

20

东西太多,就容易发潮滑腻!

另增的浴室收纳架

浴室原有的收纳台空间不够,又在转角处设置新的收纳架,这么做只能说明杂物太多。压缩杂物量,减少收纳架,浴室清洁瞬间变得简单起来。

96

囤货越多,越是焦虑!

现代生活
无须囤积
过多日用品

<< 囤货地狱从这里开始！ >>

啊，好便宜！

反正是消耗品嘛。

感觉已经用完了……

→ 焦虑推动囤货

↓

家里囤货增加

↓

无法把握实际需求

↓

继续囤货

恶性循环

摆脱囤货症候群

把囤货集中在一起以腾出空间

像厨房、洗漱台或厕所等地方，家里的日常用品放置的地方非常零散，整理起来也很麻烦。那不妨把所有的囤货集中到一个地方。这样一来，囤货量也一目了然。另外还能做个囤货箱，囤货量按箱子大小来考虑，防止买多囤多。

改用多功能洗涤剂

很多洗涤剂被分为厨房用、厕所用、洗澡用,厨房用的甚至被细分为洗餐具用、除油污用、除菌用……越分越细,整理起来也非常麻烦。那就把这些洗涤剂统一改成多功能洗涤剂,家里各个地方的卫生都用一瓶就够了。整理起来非常简单轻松。像某些天然的小苏打或柠檬酸洗涤剂,在清理厨房时也比较好用,推荐大家使用。

勿贪便宜

家里杂物有增无减的原因之一就是逛街时发现东西便宜就买回家囤着。尤其是捆绑购或系列购，其实是购物大陷阱。日用品打折都是定期循环的，即便便宜，也很少会像生鲜商品能打到五折以下。图便宜大量囤货，反而花钱不讨好，本末倒置。

即缺即买

24小时营业的便利店会售卖满足日常使用量的必需品。因此家里的日用品用到最后一个时，再买一个即可。这样既不占据家居空间，又能随时管理数量，避免浪费。集中采购大量日用品可能会有打折优惠，但这样会造成家中杂物堆放，整理清洁不到位，倒不如即缺即买，让人买得更轻松，让家里更宽敞舒适。

症结1 毫无条理的橱柜

症结2 暂且放放，变成了赖着不走

症结3 家人的东西放得到处都是

症结4 窗帘架子成了晾衣竿

个人专属用品不要放在客厅！

扔掉 21 个 小物件

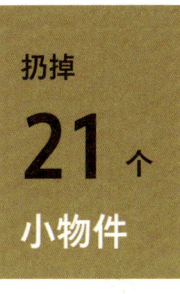

待的时间最长,却堆满东西,看着心烦
满目皆是杂物的 客厅

随时坐等客人光临的客厅

客厅既是家人欢聚之处,也是待客之地。因此客厅要收拾得整洁利索,让家人或客人心情舒畅,不能杂乱无章、乱七八糟。但是很多人家里的客厅总是堆满了杂物。全家人都在客厅活动,以至于个人的东西不知不觉就散落在客厅,到最后所有人的东西都堆在了客厅。才准备收拾又要增加各种收纳箱,结果东西是越堆越多,客厅越来越乱,陷入恶性循环。

如果每个人有各自的房间,那么个人用品原则上要放回自己的房间。考虑哪些公共用品必须放在客厅,需不需要断舍离。

当你上别人家做客时,浓浓的油烟味扑面而来,这种连同私密之物也暴露无遗的客厅会让你如坐针毡,恨不得马上离开。只有干净整洁、让人心情愉快的客厅才是真正的好客厅。同样,我们在自己的家里也应该这样做。让我们来打造一个随时欢迎客人光临的舒适空间吧!

扔掉 **21** 个 小物件

01

有些没笔油、不好写的文具为什么还没扔？

不能写字的笔

断舍离的第一站就是扔掉不能用的笔。有些笔油用完的、出油不利索的笔，还有因写字不顺手基本没用过的笔，趁此机会尽快扔掉。不和他人共享自己的笔也是不乱的诀窍。每支笔都是自己专用的，都要自己保管好。

02

这么大量真的有意义吗？

同一种类两件以上的文具

　　除笔以外，还有剪刀、裁纸刀、透明胶之类的文具。很多人在家里收拾文具，发现这些东西有两件以上。原则上应该是一种一件，放在固定的位置，用完后放回原处，这样也方便打扫房间。

> 扔掉 **21** 个 小物件

03

不要的东西，容易搁下不管

不需要的直邮信件和广告传单

用函件投送的DM（直邮广告）或传单，这种明显没用的东西，无须临时保管，看见就直接扔掉。另外，还可以在信封写上"拒收"寄回去。像某些完全陌生的DM，拒收回信有可能会暴露住址，务必小心。

04

订阅时代就用不到CD了

CD

音乐也到了订阅的时代，可以用手机在网上直接下载后听，也不需要CD或CD播放机。处理掉这些杂物，在清爽的空间中享受音乐。

> 扔掉 **21** 个小物件

05

不是最新信息，不重要！

旧期刊、旧报纸

家里常常有不知什么时候买回来翻了翻就打算扔掉，却已经堆成小山的期刊，以及订购的每日报纸。现在这些纸质内容能迅速在网上浏览到。要养成定期处理纸质报刊的习惯。另外，基本上也不需要订购报纸。现在上网看新闻又快又方便，也能用手机看报纸。

06

收拾各种垃圾桶就够累了！

零零散散的垃圾桶

客厅放了几个垃圾桶？也许你觉得应该多放几个，方便就近扔垃圾。但是把垃圾提到外面时方便吗？光是一个一个地收拾垃圾桶就非常麻烦，有时候有的垃圾桶还没满，就打算下次再扔，于是有些垃圾会长时间堆在家里，逐渐发霉。所以必须断舍离垃圾桶，一个房间一个垃圾桶就够了。

扔掉 21 个小物件

07

枯萎了？
长得乱蓬蓬的？

照顾不当的
观赏植物

观赏植物是绝佳的内饰品，但如果照顾不当就会枯萎，或是几天不管就会长得乱糟糟的，甚至会伸到天花板。如果没时间照顾植物，直接处理掉。

08

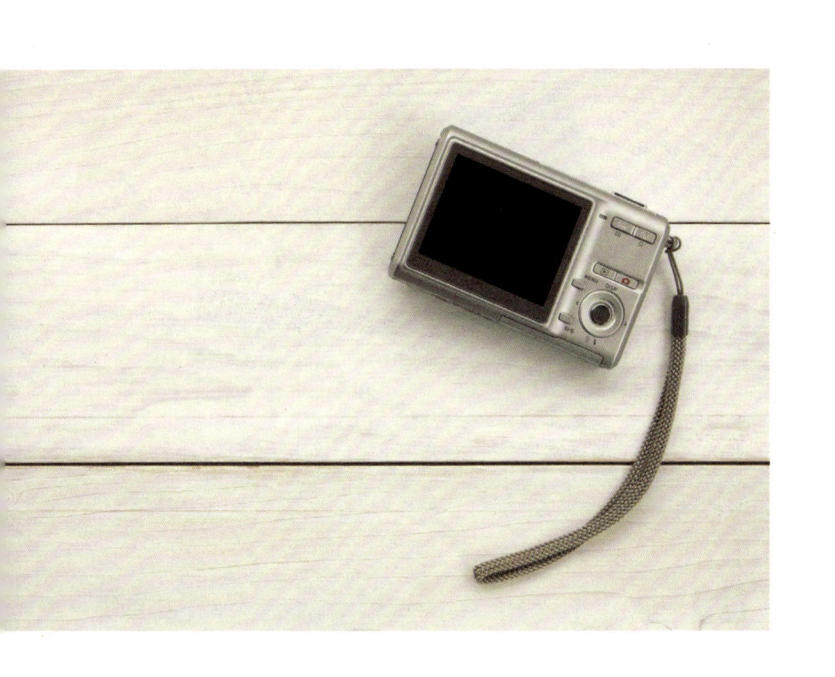

智能手机又方便,性能又强

不再用的照相机

现在是智能手机又能拍照片又能录视频的时代,如果有傻瓜型数码相机等摄影设备,但没有用起来,还是断舍离吧!

> 扔掉 **21** 个 小物件

● 如今，大家普遍在网上管理银行账户。不需要存折，使用网上银行也能减少杂物。

09

再 也 不 用 了 !

旧存折或过期证件

我们总觉得像存折、护照、驾照等记录私人信息的证件非常重要，以至于更换之后还不想扔掉旧的。但是像护照之类的盖章证件，过期之后完全不能再用，如果放在手边，说不定会和正常使用的证件搞混淆，不如用碎纸机碎掉，断舍离更好！

10

白白浪费了大好的空间?

装饰摆设架

这些装饰区容易落灰,溅上污渍,需要每日保养擦拭。如果珍贵的照片满是灰尘,可爱的小摆件被晒得褪色,各种装饰品清洁不仔细不到位的话,还是撤掉这个地方吧!事实上去掉摆设架,不放任何东西也OK。

扔掉 **21** 个 小物件

11

积攒起来也不会再看!

两年前或更早的贺年卡

每年都会收到贺年卡,没必要保存多年前的贺年卡。用电脑记录下住所等重要信息后直接处理掉即可。可能有人会恋恋不舍,那你可以问问自己有几次翻看过这些旧贺年卡,没有的话就马上扔掉。

12

没有哪天"会用得上"！

空盒子、空罐子

年底或中元节装礼物的空罐子、空盒子，虽然想拿来当收纳用具，但到头来基本用不上。这种盒子、罐子越来越多。这种明明就是垃圾嘛！

> 扔掉 **21** 个 小物件

13

长时间只囤不读的书统统扔掉!

买回来没碰过的书

买回来想读,最后没碰过的书,就是"只囤不读"的书,这么囤下去到最后很可能还是不会翻看。现在就决定读不读,不读就马上处理。只要不是过于老的版本,很多书只要想读基本上马上就能买到,根本没必要囤书。

14

分清是用于什么的线！

电子设备的数据线

你可能偶然会意识到，家里到处都是各种数据线或加长线，特别是手机数据线。换了新手机，处理掉旧手机后，还留有充电器。集中收拾下家里的数据线，处理掉不用的。

> 扔掉 **21** 个 小物件

15

只 是 摆 设 ， 根 本 不 会 喝

酒类收藏品

有些人家里，客厅的陈列柜里摆着很多威士忌或烧酒。如果家里有人喜好饮酒就另当别论了，但是有些人只是收藏，并不喝，只是摆出来做展示而已。如果连自己都不清楚是几年前的酒，（有些度数低的酒）很可能会变质，要尽快处理掉。

16

现在不需要的，以后也不需要

没有出场机会的爱好品

有时候可能觉得这些东西"将来或许能用到"，所以才囤起来，其实等到真要用的时候再买最新款的也不迟。

扔掉 21 个小物件

17

珍惜这份心意就足够了

信件和礼物

我们常常很难处理掉别人的来信或礼物,但是要问这些东西我们是不是真的需要,是不是真的想保存起来,很多人的答案就有点含混不清了。有的人觉得扔掉可惜,就把信件搁在盒子里让它在抽屉里冬眠,有的人觉得"虽然不适合自己,但毕竟是礼物",就把东西悄悄地放在不起眼的地方权当装饰。实际上,从断舍离的"自我轴"角度看,你根本不需要它们,赶快处理掉吧!

18

杂物太多，妨碍孩子成长？

孩子的回忆或作品

孩子有很多自己从小就喜欢的玩具，或是在学校里制作的手工作品，或是绘画作品等各种充满回忆的小东西，这些都是世界上独一无二的东西，要撒手自然不容易。但是如果这些纪念物挤占了孩子现在学习玩耍的空间，造成不便，那两者选一，答案显而易见。只留下最少量的用于装饰的东西，其余的都可以处理掉。

扔掉 21 个小物件

19 荣誉在心中
落灰的奖杯、奖状

一开始,拿到奖杯、奖状摸摸看看,总是爱不释手,兴奋点一过,时间长了就发现这些东西自己多年不碰,被放在架子上吃灰。这其实就说明你并不珍爱这些东西。那么就回忆一下当年的荣光,处理掉这些奖杯、奖状吧!当然,如果是处理别人的东西,别忘记向他确认一下。

20 置之不理会不吉利!
不知如何处理的开运物件

那些在神社求得的护身符、能量宝石手链等"开运宝贝",很多时候我们不懂如何处理,长期放在家里不管。如果是护身符或护身签的话,最好是在神社烧掉。如果烧不得,就用盐洗干净,包上白纸扔掉,扔之前要记得表示感恩。

21

上了年纪后愈加不愿意要

不好打理的大家具

客厅里有很多大型家具,像家人聚会必备的大沙发、作为内饰装潢明星的大陈列架等。但是人上了年纪后,体力不如当年,移动下沙发都比较吃力,对陈列架、摆台之类的更是束手无策。那就趁现在,看看哪些家具不好打理,尽早处理掉,到退休之后就轻松多了。

让餐桌和抽屉乱七八糟的元凶!

尽快处理小票或打折券,让房间和钱包减减肥!

现在马上扔!

购物卡

———

有些人的钱包总是被购物卡撑得胀鼓鼓的,有点太不美观了。钱包里只装常去商店的购物卡足矣。购物卡也有有效期,立刻处理掉过期的购物卡。有些商店基本不去,随身装着购物卡也很难享受折扣。切记!不要每次听到"您要办卡吗?"就立刻点头同意!

现在马上扔!

借记卡或信用卡

———

在钱包里面装入自己所有的借记卡和信用卡的人,可以认真想想,真的有必要这么做吗?只放一张取钱的借记卡和一张信用卡,其他的都放在家里,真正需要时再拿出来,这样,钱包看起来也清爽多了。

现在马上扔!

收据和发票

买东西时会收到收据和发票。其实,有时一天的购物小票的量就足以撑破钱包。回到家首先应该清理小票,必要的小票挑出来另外保管。

现在马上扔!

过期的打折券

你的钱包里面是不是存着商店的打折券?那就倒出来扔掉过期的和还没过期但基本上不用的打折券。像一些忍不住就囤起来的优惠券,如果只是为了填饱钱包,那就和小票一样立刻处理掉吧!要养成及时处理小票的习惯。

用随身物品练习断舍离!

同钱包一样,练习小物件的断舍离时推荐使用日常用的挎包或化妆包。因为是随身物品,所以断舍离后的感觉特别明显,能增加继续断舍离的动力。

行李的重量就是心灵的负载!

努力为包包减负,只留最低限度的必需品

很多烦恼"自己的包包为啥总是很沉"的人非常容易焦虑,总是随身携带各种东西以防万一,或从不依据TPO原则(编者注:指选择着装时要根据时间"Time"、地点"Place"、场合"Occasion"来应变。)更换包中的物品。包包和钱包一样——只装当天所需的东西。行李太多,就不能立刻找到需要的东西,有的人为了整理包包,还会再添置内包。但是总是找不到东西的原因是东西太多。为包包减负后,出门时的心情也会轻松不少。

> ## 包包的断舍离
>
> - 两块以上的手绢
> - 皱巴巴的纸巾
> - 在包底滚来滚去的硬币
> - 随手拿的笔
> - 糖或口香糖等小零食

化妆品只放现在用的

严选干净的化妆包

把完整的一套化妆用品全部装进化妆包后,你真的会全部用到吗?在外边补妆的话,除了工作需要或特殊情况,一般只需要涂涂口红,略施粉底之类的。如果只是以防万一,这么做并没有什么意义。

化妆包的断舍离

- 超过一天用量的棉棒或棉片
- 今天不用的口红
- 大化妆刷
- 拔毛器或剪刀等使用频率低的小物件

容易铺散到书桌上的
纸质品的
断舍离

认真分类,逐个断舍离

家里堆成山的东西杂七杂八、多种多样。其中断舍离较难的是书籍、杂志、各种文件资料、海报,还有每天接收的DM和广告单等纸制品,很多家庭收拾东西时才发现家里的纸制品已经堆积成山了。

这样不难理解。纸类杂物大致可以分为文件、书籍、资料。每类都有不同的难以放弃的理由。而且,对于有不同作用的纸制品,必须转换思维进行分门别类才能达到断舍离的目的。比如说下面这些东西统称为文件,但里面有体检报告之类的需要保管一定时间的文件、了解下通知内容就能立马扔掉的通知性文件,还有证明权利等需要认真保管的文件。每个文件都要切实地进行判别。这么大的任务量可能会让我们望而却步,以一句"暂时留着吧"作罢,直到某天面对变得越来越鼓的文件盒,却一时找不到想要的重要文件。

另外,我们固执地认为资料这种东西一旦丢掉就再也找不到了,自以为很难去处理资料。很多人也因为买书囤书才能获得内心的满足,所以无法断舍离书籍。

在挑战纸制品断舍离时,首先从杂物三分类做起。这些东西一旦囤积起来,就很难扔掉,因此,我们要养成尽早尽快处理纸类杂物的习惯,避免囤积,陷入恶性循环。

<< 让人犹豫不决的纸制品三分类! >>

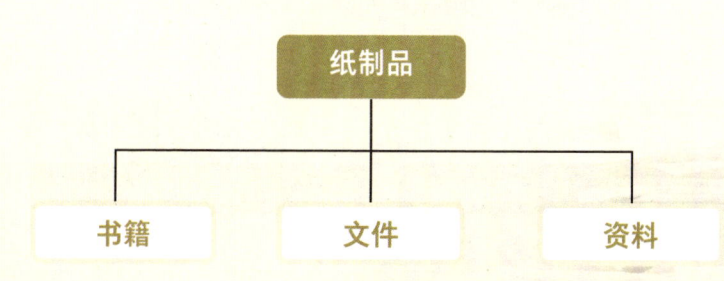

```
纸制品
├── 书籍
├── 文件
└── 资料
```

拥有书就拥有幸福

拥有书就满足了人们的求知欲,让人感到幸福。特别是给予人生重大影响的书,是很难丢掉的。

个人的权利证明

合同、家电保修卡等大部分的文件能证明自身权利。所以,扔掉文件容易与放弃权利混淆。

独一无二的资料

讲座或研讨会上获得的资料或考证收集的各种资料独一无二。它的稀缺性也让人无法放弃。

这样减少 纸 类用品

有个人信息的贺年卡

可利用回收贺年卡的超市

有个人信息的文件处理起来比较麻烦,总是不小心就囤积了很多。像自然罗森(Natural Lawson)的某些店铺设有"个人信息文件回收箱",可以在保护个人信息的前提下进行回收处理。

卡片或公共费用明细

上网查询

信用卡和电话费的明细也能通过上网或手机查询。纸质版不需要的话,要尽早处理,防止囤积。

不需要的DM

谢绝投递

如果有DM,可以在信封上写"拒收"后寄出去。但对于陌生的DM,寄出"拒收"回复有可能会泄露住址,务必注意。

| 公寓通知类文件 | 家电说明书 |

拍照留底

像公寓张贴的几月几号安全检查或停电通知之类的文件,只要知道日期和内容就够了,写在笔记本上或在日历上标记,或是直接用手机拍下来,然后马上处理掉。

老实说丢了也没关系

说明书看起来比较重要,其实基本上不会用到。而且现在上产品官网一查就能获得相关信息,扔掉并不可惜。

> 纸制品容易堆积,攒着一起扔就比较重,少量多次勤快处理!

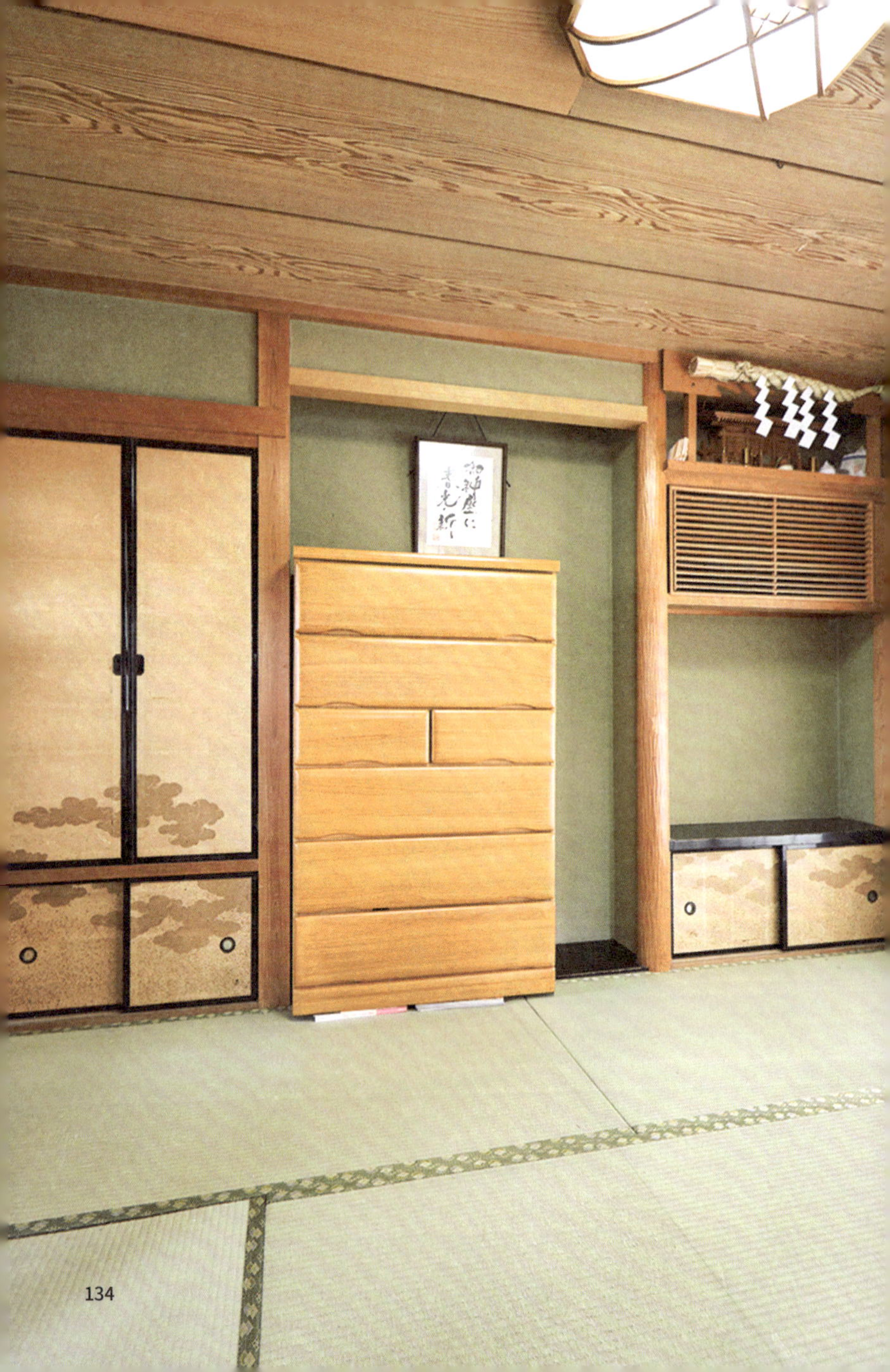

初次断舍离实践

身心舒畅的
剧变故事！

A.M. 女士的家是三代同堂，杂物挨挨挤挤、堆积如山。她原本没接触过断舍离，这是她第一次挑战断舍离。当杂物减少之后，她的家里发生了各种各样的变化。

将无法打开的餐具柜全部处理掉!

门和大家具堵塞了客厅的通风口

从 A.M. 女士家大门进去,通往客厅的通道有两扇门。打开大门,面向客厅的过道里摆着巨大的餐具柜和收纳柜,祖辈用过的餐具挨挨挤挤地排列着。但是这些都是近十年没有用过的东西,并且柜子和墙壁的夹缝还塞着各种杂物,柜子前还摆着收纳箱,根本打不开柜子。另一扇门的前面堆满了架子和杂物,门被完全堵着,打不开。

多年没用的餐具

平时用的餐具放在厨房,这个柜子里的餐具出场机会在这几年中依然是零。

缝隙里塞满了各种杂物

柜子和墙壁(后来才发现是门)的小缝隙里塞了很多纸箱和纸袋子。

杂物前面堆杂物,柜子丧失功能

放餐具的柜子前还立着巨大的收纳箱,而且上面也放了杂物。

掏出来这些东西!

从右侧的柜子里掏出了腌了一二十年的罐装菜（左图），还有不知腌了多久的肉类（右图），甚至还掏出了纸币！真是名副其实的魔窟！

After

**空间马上宽敞起来，
视野瞬间开阔，通风极好！**

将封死通往客厅的门的收纳柜，以及过道的两个餐具柜全部处理！"近十年都没用过，再挑挑拣拣一定没完没了"，干脆全部断舍离掉。剩下的只有从柜子里搜出来的钱（居然有6.3万日元）。撤掉柜子，打开两扇门，过道立刻变得宽敞起来，阳光和空气就进来了，过道变成了通畅舒适的空间。

\ 半年后变美了！/

过道只放了狭长的收纳家具，里面放一些日用品或与兴趣相关的物品等。柜子上面并没有放东西！

让变成置物架的钢琴
重新活起来!

**珍爱的钢琴丧失了原本的价值,
成了废物……**

在客厅显眼的位置摆放的华丽的三角钢琴,不仅被盖上了罩子,还变成了放置日用品的地方,这么珍贵的钢琴没有发挥价值,周身可悲的景象让人不忍直视。

Before

本来很爱惜钢琴,特意罩个罩子,偶尔放个小东西,却没想到不知不觉间钢琴成了置物架,而且钢琴前面也堆起了收纳箱。

撤去全部日用品，让钢琴活起来！

把乱扔乱放的日用品扔掉或放回原位，撤掉罩子，让钢琴恢复活力，客厅立刻显得华丽整洁，也找回了睽别十年的悦耳的琴声。

半年后变美了！

客厅里专门设置了一块地方，用鲜花和沙发打造出一个悠闲舒适的空间。

玄关，从杂乱无章到清爽整洁！

收纳柜里放不完的鞋和杂物，把玄关弄得一团糟

　　A.M. 女士家的玄关很宽敞，也正因为如此，家人特别容易把东西搁在这里，如基本不穿的鞋子、雨伞、零碎的杂物等，柜子上上下下都是东西，看上去显得乱七八糟、杂乱无章，出门时还要花时间找鞋子。回家后看见这么乱的玄关，心情也好不到哪儿去。

Before

清清爽爽的玄关，高高兴兴地回家！

扔掉不穿的长时间摆在玄关的鞋子，处理掉一个收纳架。一直闲置的挂衣架也收进衣柜，只到冬天才拿出来。玄关变得清爽不少，也能看见、摸到报警器了，安全性也提升了。

半年后变美了！

甚至断舍离了挂衣架，玄关更加清爽整洁，变成美好的出入口。

收纳处的杂物挨挨挤挤、满满当当！转换成宽松的收纳空间，打造舒适的厨房空间！

对庞杂的杂物束手无策

匚字形的大厨房收纳空间特别多，但也很容易让人不管三七二十一乱塞一通，导致我们无法管理和掌控。很多不用的餐具、无法掌控的日常囤货、刚刚用过的购物袋、各种一次性筷子等等，被一股脑地放在厨房，甚至有文具文件从客厅跑到厨房。难得的宽敞空间变成了置物台，真是太浪费了。

Before

从架子上扔掉了这么多东西!

上面的架子上堆满了餐具和保鲜盒。亲戚做客时用的全套餐具基本没用过,全部打包处理掉。

每次用微波炉还要挪开杂物

微波炉前面放着热水壶、厨具,甚至有文件、DM侵入厨房工作台。

无法管理的日常囤货

有抽屉的收纳柜里塞满了各种日常囤货,因为不知道放了什么,放了多少,所以相同的东西囤得越来越多。

超出人数的餐具

完全想不到是三口之家的餐具数量,即使把客人的餐具考虑在内也过多了。在便利店买盒饭时附带的一次性筷子、勺子、纸巾也盘踞在此。

挑出必需品，放在拿取方便的位置！

　　打包处理掉在柜子里沉睡的大量餐具和因为过量而掌控不了的日常囤货。除了家人用的餐具，其余一律断舍离。一次性的筷子、勺子、纸巾也全部处理掉。架子高处不放东西，只在拿取方便的地方放东西。这样一来，工作台变得非常宽敞，抽屉和柜子也"减负"了不少，每个东西在什么位置都非常明确并且方便拿取。厨房发生了一次华丽的转变。

够不到的柜子上面，就不放东西。保鲜盒缩减到最少的量。东西少，管理、清理起来就很方便。

餐具只留必需的最少的量。撤掉收纳格，整齐排列好餐具。每次打开抽屉，心情都非常畅快清爽。

\ 半年后变美了！/

如她所说，"厨房是管理得最好的地方"，抽屉里也整齐摆放着少量餐具。

把各种杂物堆积的混乱的日式房间，改造成舒适空间！

被各种坏掉的家具和家人的衣物塞满的房间

连接客厅的两间日式房间变成杂物间和衣柜。其中还有损坏了、使用极不方便的柜子，这样的生活空间让人远离舒适生活。有神龛佛龛的房间居然都填满了杂物。

Before

处理掉不需要的全部杂物，打造宽敞的空间

处理掉家具，断舍离衣物，让日式房间恢复以前的清爽敞亮感。连接客厅的日式房间最适合打个盹，也可以作为客用房间。

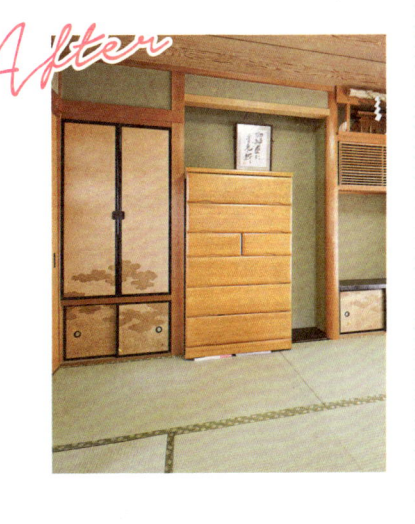

无法合上的抽屉

日式房间的衣橱因杂物太多被撑坏了，抽屉完全合不上，丧失了收纳的功能。

满是杂物的神龛

神龛前放着杂物，佛龛前放着柜子。必须保持清洁的地方被各种杂物占据着。

日式房间被断舍离的十几袋垃圾！

混杂着家人的日用品的洗漱台大变身！

堆满日用品的杂乱洗漱台

洗漱台的台面放着日常洗漱用品，架子和洗漱台旁边的小推车上也放满了日用品。家里三个人的东西混在一起，完全分不清哪个是谁的。

Before

After

家人的日用品可以放在不同颜色的盒子里，一目了然。建立个人的独立杂物空间，自己能立刻找到自己的东西。

方便每个人使用！

架子顶部不便拿取，这里不放东西，日用品囤货要做到最少的量。洗漱台旁边只放和洗衣机有关的东西，非常方便拿取。

半年后变美了！

经过断舍离才发现洗漱台的老化，于是重新进行组装，这样日用品不会囤多。

从A.M.女士家的断舍离可以看出来：

收纳容器越多，
越难断舍离！

A.M.女士初次对家里进行断舍离时，随同的编辑部工作人员最先发现：被清理掉的东西中大部分是整理物品用的收纳盒、收纳家具，以及收拾东西之前买的置物架或收纳箱。也就是说收纳容器其实是断舍离的敌人。先把这些容器处理掉，人们才会有勇气迅速处理无处藏身的多余杂物。没有收纳容器的地方像施魔法一样焕然一新，加速了断舍离的步伐。告别收纳容器，正是断舍离的捷径。

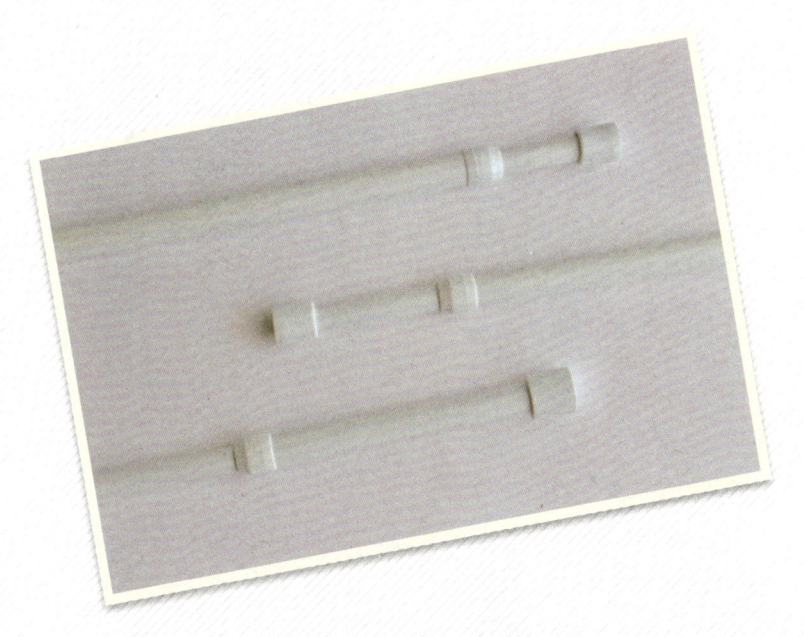

无法断舍离的家

收 纳 器 具 ①

伸缩杆

伸缩杆把洗衣机上、衣橱死角、水池下方等一小片地方变成可挂东西的空间。两根横放的伸缩杆甚至能变成简单的置物架。去掉伸缩杆后，家里会显得宽敞不少，完全不想看见的灰尘也暴露无遗。伸缩杆是美好生活的大敌，是原本就不需要的无用之物。

无法断舍离的家

收纳器具 ②

S形钩子

和伸缩杆一样，钩子也是挂东西常用的工具，在厨房里可挂厨具，在浴室里可挂泡泡网，在衣橱里可挂包包，等等。去掉S形钩子，那些需要吊挂的无用之物也会很快被扔掉。

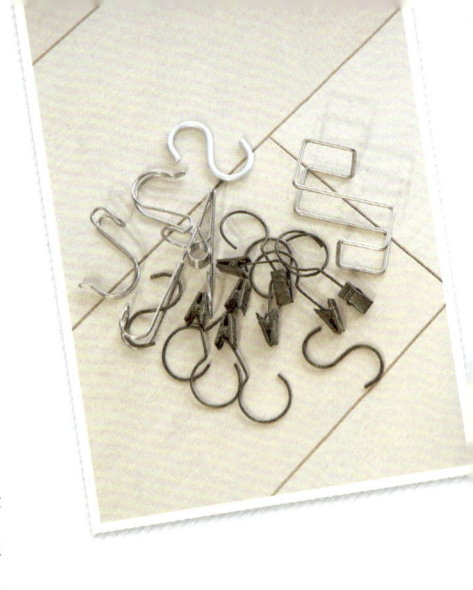

无法断舍离的家

收纳器具 ③

标签

为什么需要标签？因为东西太多，管理不过来。结果贴标签、换标签更是麻烦，东西太多，经常会放错地方。其实原本就不需要标签，只需要留自己管得过来的量就足够了。

无法断舍离的家

收 纳 器 具 ④

收纳箱

从装零碎物件的小收纳盒到装大量衣物的大型收纳箱，有大量塑料收纳箱的家绝大多数都是杂物堆积如山，无法断舍离，这背后的目的是想收纳杂物，结果添置了新的杂物。这与断舍离的思维南辕北辙。即便是为了收拾东西，也确实增加了一件东西。其实，买收纳箱收纳东西简直就是胡扯。想实践断舍离，就马上扔掉各种大收纳箱。

症结 放无用之物的地方

扔掉 13 种杂物

不忍直视的休憩空间
被仓库化的日式房间

日式房间的魅力,
在于在西式房间里体会不到的榻榻米的舒适感

独门独户或家庭公寓中会有日式房间,对于这种房间,各家有各家的用途,大部分是用于放置佛龛或连接客厅做客用卧室。但是在杂物繁多的家里,日式房间往往被当作杂物间,常常会有几排柜子盘踞其中,杂物被见缝插针摆得到处都是,以至于连榻榻米都看不见了。客厅和其他房间装不下的东西全堆到这里。原本是客房,却如此脏乱,羞于向外人展示。之所以如此,是因为日式房间并没有固定的人居住,收拾家时总是被安排在最后清理。日式房间原本铺设了防潮效果非常好的灯芯草,躺在上面也非常舒适。那让我们把这个房间彻底断舍离一番,打造成家人欢聚一堂和客人舒心过夜的好地方吧!

扔掉 **13** 种 杂物

01

日 常 主 要 坐 椅 子 ， 就 扔 掉 垫 子 ！

超多的垫子

以前人们聚会用得最多的垫子现在已经用不上了，看看你家是不是把垫子扔进日式房间的柜子里就不管了？上了年纪后坐椅子比坐垫子方便。应该按照房间的使用人数留下相应的数量，其他的都直接处理掉。

02

使用频率低，还费工夫、占地方

备用的被子

被子也要时常拿出来晾晒。一些基本不用的被子连同被罩、枕头一起处理掉，需要时再去租借被子即可。

> 扔掉 **13** 种 杂物

03

随处卧躺的地方，
也容易变成随手放杂物的地方

健身道具

　　大平衡球、哑铃、瑜伽垫等并不符合日式房间风格的健身道具在房间里处处可见。收纳原则是用的时候再取出来。如果买回来不用，那它就是包袱，立刻扔掉即可。

04

基 本 没 用 就 是 摆 设

未使用的花瓶

家里有放在佛龛旁边和卷轴一起做装饰用的漂亮花瓶。最开始还是认认真真地插花,但是渐渐地没时间打理,到最后才发现花瓶成了摆设。立刻把那些与佛龛不相配的花瓶全部清除,让空间更整洁清爽。

| 扔掉 **13** 种 杂物 |

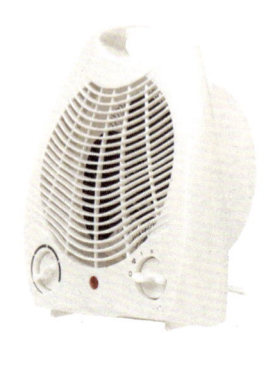

05

环境改变后，作用也终结

下岗的应季小家电

像电风扇或取暖器等夏天或冬天临时使用的小家电，也容易放进日式房间。搬家或买大空调后这些小家电就搁置不用了，在家里还占用空间，索性全部断舍离。

06

找 不 到 放 置 点 的 杂 物 被 堆 进 房 间

收纳箱

我们会把一些基本不用的包包或儿童服装或季节性衣物,以及驴年马月才会用上的零零碎碎的东西全部塞进收纳箱,而日式房间很容易囤积这些大大小小的收纳箱。其实房间的柜子非常宽敞,用不着全部塞进收纳箱,可以把收纳箱全部处理掉。

| 扔掉 **13** 种 杂物 |

07

这么多的纪念物放在家里未动，只能说明孩子已经长大了

孩子的成长纪念物

女儿节的布偶、端午节的兜饰等庆祝孩子成长的纪念物，如果只是收藏起来的话，也可以考虑供奉之后处理掉。

08

聚会规模不大,就没必要

超大桌子

你是不是认定这种桌子必须有呢?日式房间的桌子一般来说又厚又重,每年搬来搬去非常费时费力。趁早处理掉,让榻榻米恢复之前的活力也不失为一种乐趣。

> 扔掉 **13** 种 杂物

09

祭祀法事少了而产生的无用之物？

用完之后的佛事用具

做佛事时，日式房间会保留很多佛事用具。佛像和牌位等开光加持的东西不能直接扔掉，需要请僧人做法事发遣送神。但是像蜡烛、香炉、引磬、木鱼等佛事用品可以自行处理掉。这些东西我们不知道怎么处理，容易随手搁置，趁此机会处理掉吧！

10

这里是防灾应急用品的放置空间吗?

饮用水等应急用品

饮用水等防灾应急用品会被临时放在日式房间,考虑一下放在这里是否合适。这些应急用品囤得过多或放的位置靠内,到紧急时刻拿取会不方便。其实,所谓"应急用品"太多的话,储存时就需要三思了。

扔掉 **13** 种 杂物

11

家人的物品都塞得满满当当的

阻塞空间的衣柜

很多人家里的日式房间放着巨大的衣柜,如果有人住这个房间就另当别论,但是如果这个衣柜里塞满了基本不穿的衣服,还有无处安身的书籍资料之类的杂物呢?像这种又大又沉的家具,年纪越大越难摆弄,要尽早处理掉。利用这个机会来一次清爽的断舍离吧!

12

连接客厅，创造开放感！

房间内的隔扇

　　日式房间的隔扇是不是总是关着？一般挨着客厅的话，敞开隔扇也方便来回穿行，那何不干脆把隔扇撤掉？这样空间会更加宽敞，视野会更加开阔。关上隔扇后，人们就容易随便放置各种不需要的杂物。撤掉隔扇，也就避免了堆积杂物。

扔掉
13种
杂物

13

不 用 就 扔 掉

卷轴画等装饰品

　　卷轴画等装饰品无论买得多贵，只要没继续使用就要断舍离。生活方式发生变化，这些东西的重要性和价值也会发生变化。仔细考虑下该不该留下这些东西。如果只是怯于判断的话，现在就是扔掉它的好时机。

日式房间里什么都没有放,成了一个自由的空间!

症结 玄关堆满了不需要的杂物

> 要扔掉的
> # 16 件
> 杂物

失去原本的目的
进出不便的 玄关

杂物堆积，出入困难！

家里的每个位置都有其自身的功能。自己家里是不是有些地方因堆放杂物而失去了原本的作用？其中，特别容易被堆放杂物的就是玄关。玄关原本只用来放几双鞋子，但是现在孩子外出玩的体育用具、爸爸的高尔夫套装等，统统堆放在玄关，脱鞋换鞋变得非常不方便。甚至有时候会堆放准备扔掉的垃圾。另外，鞋子太多也是个问题。

东西一多，清洁起来不方便，容易藏污纳垢。玄关是自家的颜面，是客人对自家的第一印象，因此一定要保持干净整洁。

处理掉不穿的鞋子和损坏的雨伞，把杂物放回原位。只有家里每个人都遵守这个规则，才能保持玄关的干净整洁。

> 要扔掉的
> **16**件
> **杂物**

01

玄关乱七八糟的主要原因!

不穿的鞋子

脏兮兮的运动鞋,鞋面有划痕、完全穿不出去的皮鞋,等等,尽快处理掉这些不需要的鞋子。不减少鞋的数量,就达不到整洁的效果。

02

随手放置的东西，立刻处理掉！

没洗过的玄关脚垫

玄关是进出的地方，容易带回外面的沙石或灰尘，玄关的脚垫也容易被弄脏。如果保持不了卫生，就撤掉脚垫，那些没什么特别理由就跟风放置脚垫的人尤其需要这样做。

> 要扔掉的 **16**件 杂物

03

塑料伞是不是占领了玄关？

只多不少的塑料伞

这些伞没有坏也不好扔掉，挨挨挤挤地摆在伞架上，看上去很难收拾。给家里每个人配一把雨伞，其余的都扔掉。最好选择使用特别喜欢的舍不得扔掉的高级雨伞，这样也能防止再买多余的。

04

以后也不会用上!

多余的鞋盒

装鞋子的鞋盒,一回家就要马上处理掉。其实有些店不给鞋盒。如果没信心在回家后扔掉鞋盒,可以提前说不要鞋盒。

> 要扔掉的 **16** 件 杂物

05

东 西 太 多 ， 所 以 才 介 意 有 味 道

鞋柜的除臭剂

如果鞋子数量不多，及时清理鞋柜，就并不需要什么除臭剂。断舍离之后，这些消耗品也会减少。减少鞋子，注意通风，试着扔掉除臭剂。

06

这些东西用起来并不方便！

鞋子收纳用具

市面上有卖摆鞋子的用具。鞋子太多，这种用具可以让鞋柜再腾出摆一双鞋子的地方。虽然它让鞋柜看起来整齐干净，但这其实是个错觉。试试扔掉这些用具，强迫自己减少鞋子的数量。

要扔掉的 **16** 件 杂物

07

不 小 心 买 了 同 一 款 东 西

鞋子保养品居然比鞋子还多？

像一些皮鞋保养膏或防水喷雾等，如果开封后长期搁置就容易变质。旧的鞋子保养品要立刻扔掉，只留一件，多余的直接扔掉。

08

没有也OK的典型

客用拖鞋

客用拖鞋也是断舍离的对象。客人来了,你说一句"我家没有拖鞋,你可以直接穿鞋进来"完全OK。

要扔掉的 **16**件 杂物

09

丢 在 玄 关 的 体 育 用 品

体育用品

有些人的家里会有足球、棒球等外出玩耍的体育用品。家里人一回来,把这些东西随意扔到玄关的情景也是很常见的。确实,放在玄关比较方便,但是这样一来会妨碍玄关的清洁卫生。使用频率高的话,可以考虑减少其他东西,然后再把这些放在玄关。

10

需要几根绳子？

不用的绳子

养宠物的家里一般会在玄关处放遛狗遛猫的用具。看看家里是不是一只狗配多根遛狗绳？留下一根,其他的都扔掉吧!

要扔掉的 **16**件 杂物

11

只 留 下 自 己 能 掌 控 的 量

大量的园艺用具

很多喜欢在庭院里搞种植栽培的人，常常把园艺用具放在玄关处。像喷壶、铁铲、手套等大量用具，你是否能全部掌控呢？如果不能，就只留下最需要的、用起来最顺手的工具，其他的全部处理掉。

12

没有这些东西也OK

旧的清扫工具

清理玄关的簸箕、笤帚，如果鞋柜里放不下可以扔掉，换成能放进鞋柜的小工具。其实购置玄关专用的清扫工具本身就没必要。一般来说玄关面积比较小，就用旧抹布清理，然后直接扔掉旧抹布。试试看能不能不用专用工具清理玄关。

> 要扔掉的 **16**件 杂物

13

有这个只会增加杂物！

变成置物架的凳子

玄关放凳子或长椅后，立刻就变成了杂物的堆放地。与其说是为了方便穿鞋，倒不如说是设置了置物架，这些凳子或长椅只会让东西堆得越来越多。

14

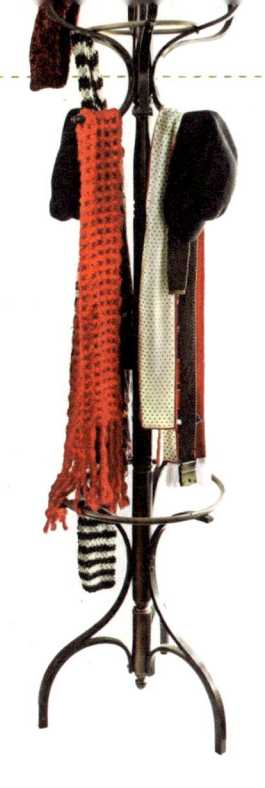

一年四季都穿同一件衣服吗？

大衣外套还放到夏天

只有冬天会穿大衣外套，但是家里的玄关是不是一年四季都有大衣外套占领着一隅？马上收拾起来，好好整理，挂在衣架上，放进衣橱里，这样既会让玄关整洁起来，也不会弄脏大衣。

> 要扔掉的 **16**件 杂物

15

因为有空间，所以塞满了东西

空间太多的鞋柜

现在的住宅楼收纳空间充裕，玄关处放着巨大的鞋柜，什么鞋子都乱塞一通，而且还真的塞得下。这其实说明鞋柜是杂物只增不减的主要原因。如果因为这是租住的房子，不能拆掉鞋柜，可以试着撤掉几个格子，减少鞋子的量，并且要做到够不到的顶层不放任何杂物。

16

让人心里清爽愉快的玄关

万年不变的玄关内饰

真的有必要在玄关的鞋柜上摆放相框、装饰点艺术品吗?其实什么也不装饰、不摆放,回家时临时放下包包、放一些寄送的快递包裹等不是更方便吗?玄关也容易落灰,从方便清洁的角度来看,什么也不放是最明智的选择。

症结1 准备扔的东西却还放在原处

症结2 变成收纳箱的坟场

> 扔掉 **4** 件 东西

家里到处都是魔窟?

全部扔掉!
进都不想进的 隐蔽区

家里空气浑浊、气氛阴郁的原因

每次因断舍离去做住宅探访时,我肯定会发现一些"进也不想进的魔窟"。比如已经不再用却堆满杂物,连下脚的地方都找不到的房间,已经好多年没打开过的收纳柜,刚刚搬家时用的放在衣橱深处好几年没碰过的箱子……这些多少年没打开过的箱子、收纳柜统统可以扔掉,因为根本没有派上用场,扔了也没关系。自以为其中放了东西,对这些用不上的东西熟视无睹,但其实在家里重要区域中堆放太多无用之物会让家里的空气变得浑浊,阻碍家中空气的新陈代谢,制造出"家中魔窟"。如果你家里有这种地方,一定要断舍离。

只有扔掉魔窟的杂物,去除毒素,才能让家呼吸通畅,让氛围明朗欢快起来。

扔掉 **4** 件 东西

01

不要存垃圾！

马上就扔的垃圾袋

你有没有想着这次不扔垃圾，先把可回收和不可回收垃圾打包后放在家里某处，等下次再扔？其实，这些东西远远未到需要努力"断舍离"的地步。绝对不要让垃圾在家里多待，马上扔掉。

02

坏了不能用

家电或家具

像一些不再使用的或坏了不能用的家具、家电,很多时候我们会"暂时"把这些东西放进储藏室,等到能扔的时候再扔。尤其是一些大型垃圾,有时候可能因为时间上不合适,暂且放在储藏室,却不知不觉间忘记扔了。把巨大的无用的东西塞进储藏室,以至于我们也越来越不愿进去了,储藏室会逐渐变成我们进都不想进的魔窟。

扔掉 4 件 东西

03

以 前 搬 家 时 的 东 西

纸箱子

搬家时的纸箱子,"现在用不着,暂且这么放着吧"。家里的各个隐蔽之处有很多这样的纸箱子或是不知道装了什么的收纳箱。如果搬家之后过了好多年都没有打开过,那就说明我们不需要这些东西了。连看都不用看,直接扔掉。

04

从 家 里 的 各 个 地 方 收 集

难于处理的杂物

塞不进鞋柜的鞋子、衣橱装不下却不想扔的衣物、大量的日常囤货等,别的房间放不下的一些东西我们会塞进储藏室或不用的房间或收纳架,到最后却忘得一干二净。这些东西都变成了只为填补隐蔽空间的废物。

让隐蔽区越来越多的元凶
封存

　　堆放杂物的隐蔽区多位于前面有一些大收纳柜的窗户处或门前。因为开门开窗过于不方便,人们就越发不想打开,形成了一个恶性循环。窗户和门是阳光和空气的通道。虽然堵着通道不影响生活起居,但是不通风、光线不好的房间内空气浑浊、灰尘弥漫,没人想来。看看自己家是不是窗户或门前放着家具或杂物,如果有,可以试试挪一下杂物,打开窗户和门,感受一下阳光和空气。这种舒爽感会让我们鼓起勇气扔掉堵塞门窗的杂物。

无论是物品还是感情,
当你因此而黯淡无光时,请记得放手离开,
重新开始美好生活

断舍离,
人生的武器

当孩子已然离家独立，只剩下二人世界或孑然一身时，待在杂物堆积如山的家里难道不令人窒息吗？扔东西也需要精力。趁着还年轻，还有精力，让我们尽早地过上清爽畅快、精彩夺目的退休生活吧！

揭开未来的面纱，开始以后人生的断舍离

因为平均寿命的延长，现在可以说是已到了人活百年的时代。退休之后还有几十年漫长的时间。那我们现在可以想想自己以后的人生。断舍离的退休时光并不是单纯地准备迎接人生终点，而是重新审视以往人生的种种，在未来的日子里活出自我，活出自由。

与那个"回家就是睡个觉"的青年时期相比，逐渐上了年纪的自己待在家里的时间也越来越多。那是待在杂物堆积如山、空气浑浊不堪的家里好呢，还是待在只留必需品的简洁干净的家里好呢？答案自然不言而喻。

该怎么过退休后的生活呢？唯有断舍离。需要进行断舍离的不只是杂物，还有家、土地、人际关系等自己周遭的种种。年纪越大，这种看不见的人际关系跟家中的杂物垃圾一样，阻碍着呼吸，束缚着自由，让人喘不过气来。来断舍离吧！为了自由的生活！

难道你想在杂物的包围中度过以后的人生吗?

断舍离的契机

断舍离的契机 ①

退休

人已退休,时间上就非常自由,尤其是夫妻两人一起退休,两人共处的时间更是成倍地增加。在家的时间多了,人们就会注意到生活空间的重要性。杂物如山的房间里,夫妇两人能愉快地过日子吗?退休,其实是好好思考以后人生的一个契机。

断舍离的契机 ②

孩子独立生活

孩子离开家独立生活之后,父母能否适应这种家里少个人的生活转变呢?如果孩子以前用的房间还是照旧布置,孩子的东西还是照旧保留的话,家里的东西是不会少的。孩子的独立也是父母的独立,父母要好好地转变意识,重新看待每处空间。

断舍离的契机 ③

与父母告别

无论自己是否和父母一起生活,当父母去世后,自己总要面对他们的遗物。生离死别是人生巨大的转折点。对待父母的东西犹如对待自己的人生,即使无法迅速放下也没关系。慢慢地花时间好好地整理遗物,整理自己的感情。

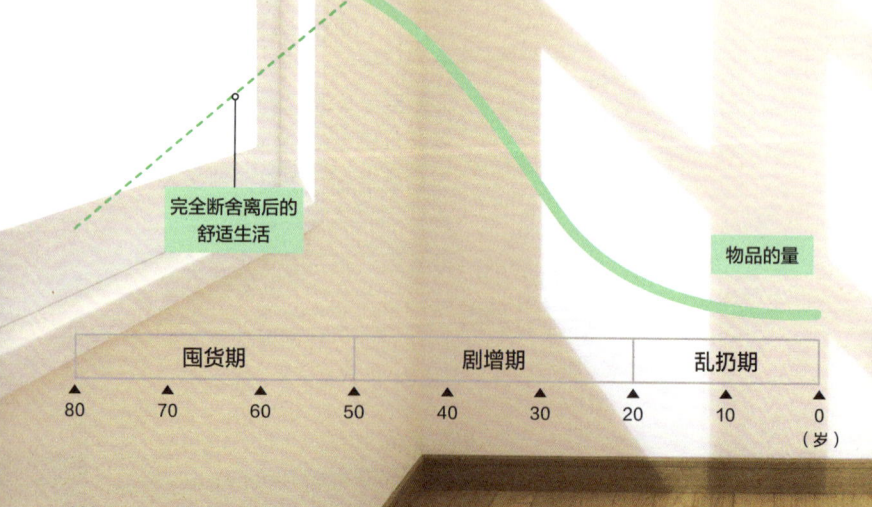

人生"物量"的变迁史
你选择怎样的退休生活?

在人生的转折点上,
你是准备整理过往,轻松简单地开启新生活,
还是继续以前囤杂物、堆垃圾的
旧日子呢?

被各种杂物包围的生活

这里是分岔路,
为了新的人生,
断舍离吧!

完全断舍离后的舒适生活

物品的量

| 囤货期 | 剧增期 | 乱扔期 |

80　70　60　50　40　30　20　10　0
(岁)

囤货期

直面人生的负荷

囤货期增加的物品一般会被人遗忘,而且会造成家里空气浑浊。美好的退休生活,最关键的是摆脱囤东西的癖好。

剧增期

杂物爆炸性增加

20~50岁要经历单身、同居、结婚、生小孩等一系列跌宕起伏、纷繁复杂的人生过程。伴随着生活的变化,周遭的物品也会出现爆炸性的增长。

乱扔期

孩子乱扔乱放

孩子乱扔乱放是在学习知识的一种表现。这个阶段他们积极地接触各种物品,了解各种各样的知识。东西越来越多,他们自然会乱扔乱放。

到了一定的人生节点
就要考虑的

财产问题

反复思考未来的种种,
最绕不开的就是财产问题。
而财产如何处置,
也可以用断舍离的方式来思考。

不 动 产

你的不动产，说不定已经变成了"负动产"……

我们来考虑一下住房或理财用的公寓等"不动产"的问题。你是否烦恼过"自己有一套公寓，现在不用以后也不会用……""但是上了年纪后家务活就成了大问题"？这种烦恼其实是需要我们断舍离的信号。你是否因不知道如何处理房产而迟迟不能做出决定，导致长期空置的房产被征收了高额的==固定资产税==？

进行断舍离时，首先盘点名下的房产会产生多少固定资产税，这相当于断舍离中"把全部东西拿出来进行清点"的步骤。固定资产税是固定资产评估额 × 标准税率。评估额是由东京都或各市町村政府部门按照土地公示价格和房产市价每3年进行一次评估的金额，因此，地价高，固定资产税就高，反过来，地价低，固定资产税就低。从晚年资产保值和避免子孙负债的角度考虑，不妨去调查一下处理房产的方法。

不动产的断舍离，是出售，还是捐赠？

不动产断舍离，并不是指放弃房产地产所有权就会摆脱得一干二净，首先要判断一下是出售还是捐赠。

如果是出售，要考虑出售的时机。注意"季节"和"税制"。日本学校的新学期是从4月份开始的，所以1—3月是乔迁的旺季，是出售房产的好时机。另外，根据房产的所有年限，交易中的税率也会不同。比如说，产权不满5年的固定资产交易，所得税是30.63%。5年以上的为15.315%。接下来，就是找专家审查固定资产的资料，敲定出售价格。最后是委托中介公司销售。可能你也会烦恼该委托一家中介，还是委托多家中介？其实大型的不动产中介公司规模大、信息灵通，好找买家，并且各种保障和服务方面都很到位。而中小型不动产中介公司能掌握到不同地区的基层信息。从公司规模考虑的话，优缺点都比较明显。选择中介公司最重要的是看负责人。如果经过沟通，发现"调查依据比较模糊不清"或者"没有什么明确的销售策略"，最好尽快更换中介。另外，委托中介公司会产生中介费。根据日本的相关法律，中介费上限是"不动产交易价格的3%+6万日元"。这也是中介费的市场价格。如果长时间找不到买家的话，可以再考虑考虑"降价""拆掉建筑物变成空地皮""注册空置房产银行"等措施。

如果是捐赠资产，可以从自治体、个人、团体三个角度来考虑。如果能达到各个自治体的捐赠条件，可以免费进行资产转移。但是这些条件都比较苛刻。首先可以去政府相关部门咨询名下的不动产是否符合条件。

向朋友或家人等个人捐赠时,对方需负担赠与税。土地的评估额不同,赠与税也不同。资产作为遗产被继承时,会被征收遗产税。建议问问会计师赠与税和遗产税哪个比较划算。

捐赠给NPO(非营利组织)或一般社会法人等机构时,可能会产生所有权转移登记费用、捐赠所得税和受赠所得税,这些也需要问问会计师相关内容。无论选择哪种方式,都会产生一些开销,但尽早处理也不会白白浪费钱。最重要的是生活中不会再有精神压力,自己不会莫名地逼自己"得赶紧找时间处理下财产"。

另外,退休之后,如果房屋贷款还没还完,还会出现继续还房贷的"退休贷款"问题。只用退休金还贷肯定会压缩日常开销。如果还不上贷款,还会出现住房被拍卖或被要求强制搬离的后果。处理"退休贷款"的方法有"任意出售"和"售后回租"两种。任意出售是指在还有贷款的情况下出售,拿出售的钱全部还贷。如果还是无法全额还贷时,可以与债权人协商和调整每月的支付额。售后回租是指将住房出售给第三者后再与第三者签订租赁协议。这样可以继续居住自己的房子。

不动产的处理方式有很多种。和家人多商量商量,收集相关的信息,做好准备。当然最重要的是腾出时间来认真对待名下的房产。

1. 固定资产税

土地或住宅等固定资产的税金。税额是固定资产评估额 × 标准税率（1.4%）。固定资产税的评估额可在每年收到的固定资产税纳税通知书中的课税证明书上确认，也可找当地的相关部门或市政府确认固定资产台账或向不动产中介咨询。

2. 拆除建筑物变成空地皮

当建筑物老旧，建筑物本身没有买卖价值时，可拆除建筑物买卖土地。拆除建筑物的工程费用的市场价一般是"30坪：80万~120万日元""50坪：100万~200万日元""70坪：140万~280万日元"（1坪≈3.3平方米）。

3. 注册空置房产银行

这是自治体为意愿人提供的现有的空置房和空置土地的制度。2015年日本颁布的《空置房特别措施法》中针对空置房所有者的税金增长以及被自治体强制搬离的情况进行了规定。空置房和空置土地的注册需要把必需的文件资料邮寄到地方自治体的相关部门，由相关部门负责人进行实地调查，符合条件后进行注册。

4. 赠与税

从他人那里获得赠与的财产时需缴纳的税金。税率与赠与额度相关。1年内从个人那里得到110万日元以下的财产时无须缴税。

5. 遗产税

继承去世之人的财产时需缴纳的税金。除去非课税项目、债务、葬礼开支等费用之后的遗产税，税率和遗产额度相关。净遗产5000万日元由1个人继承时，先扣除3600万日元免缴部分，对1400万日元进行课税。那么需缴纳的税金是1400万日元 × 0.15-50万日元 =160万日元。

遗　　嘱

赠与和做遗产哪个更合算？

财产交给谁是记录你的意志意愿的"遗嘱"中的重要内容。因为没有遗嘱导致遗族关系不和的情形并非只出现在电视剧里。现在有很多人需要考虑考虑自己的遗嘱了。

那么，首先想想把自己的财产转让给他人所出现的"赠与税"和"遗产税"吧。赠与税是生前将财产转让给朋友或家人时需缴纳的税金，遗产税是自己死后遗产转让时需缴纳的税金。两者都是财产额度越高，税金越高。在赠与税中，一年内110万日元以下的赠与额，无须缴税。而遗产税是减去免缴额度（3000万日元+600万日元 × 法定继承人数），对多余的部分进行扣税。比如说，儿子和女儿继承合计4200

万日元以下的财产不扣遗产税。因此，赠与相对合算和遗产继承相对合算的情况都存在，也可以在赠与和继承同时进行时尽量做到压缩税金，减轻负担。

要想顺利进行财产转让，要事先调查相关税率，计算能接受的税金范围。老实说，个人进行税金的计算或先调查再办理相关手续太过复杂烦琐，可以委托专业人士来做。申报遗产税时可以委托"会计师"（5000万日元的遗产一般是20万~50万日元的收费），出现遗产继承纷争时委托"律师"（委托费20万日元以上），不动产姓名变更要委托"司法代书人"（委托费12万~23万日元），全权委托财产转让要委托"信托银行"（委托费105万~150万日元）。有时候也会多方委托会计师、律师、司法代书人。信托银行虽然能全权包揽调查、手续等，但相应的服务费也偏高，所以可从多方面进行综合考虑。

无纷争的遗产继承 "三种遗嘱"

遗嘱可以保证遗产继承顺利进行。遗嘱是正式文书，但如果出现问题就会变成无效遗嘱。并非任何代表自己意志的东西都可以被称为遗嘱。比如说录音和录像并没有法律效力，口头表述给信任的人的遗嘱也无效。所以留下遗嘱要有计划地提早准备。

有法律效力的遗嘱有"自笔证书遗嘱""公证证书遗嘱""秘密证书遗嘱"三种。

自笔证书遗嘱指的是立遗嘱人亲笔书写遗嘱内容全文，

标清日期，签名，并在署名下盖章。这种形式的遗嘱不需要花钱，随时随地可以写。如果遗嘱内容简单，不会出现多大的问题。如果内容较为复杂，出现了不妥当之处，就失去了法律效力。遗族拿到遗嘱后需要去当地的家庭裁判所登记。但不能否定这种形式也会出现被他人认为对其不利而遭到撕毁或篡改等恶劣情况。

公证证书遗嘱指的是立遗嘱人告诉公证人遗嘱内容，由公证人对内容进行汇总形成文书。因为公证人专门负责遗嘱，可以在出现问题时和公证人咨询商定遗嘱内容。这样也可避免因为遗嘱疏漏而被认定为无效。与自笔证书遗嘱不同，公证证书遗嘱的原件有公证单位保管，立遗嘱人死后也不必到家庭裁判所登记。缺点是立遗嘱需要收费。收费标准和财产多少相关，一般是5000日元起步。

秘密证书遗嘱指的是立遗嘱人对有亲自签名盖章的书面遗嘱文件进行封存，并盖上与遗嘱文件相同的印章。并在公证人和两名证人面前提交封印的遗嘱，登记自己的遗嘱、姓名和住址。公证人记录好立遗嘱人的申请内容和日期后，立遗嘱人和证人在信封上分别盖章。与前两种相比，第三种形式比较复杂。但是这种形式的优点在于可不必手写，也可让第三方用电脑制作。遗嘱的内容是秘密的，暂未披露的。但因为公证人并没有对遗嘱内容进行确认，可能因为内容不当而成为无效遗嘱。另外，同自笔证书遗嘱一样，立遗嘱人死后，遗族要到家庭裁判所进行登记。

可以从这三种形式中选择适合自己的，然后立遗嘱，如果能负担手续费，可以采用公证证书遗嘱。向公证人咨询并由其制作的遗嘱文书非常保险，不会出现内容不当的情况，而且可以采用专业人士的建议完善遗嘱内容，特别合适。另外，立遗嘱人去世后，也能马上查阅到公证证书遗嘱的内容，遗族会比较放心。

公证证书遗嘱委托制作时，前往附近的公证处前要准备好立遗嘱人的证明资料、户口本、住民票、（有不动产时）注册事项证明、固定资产评估证明或缴税明细证明。需要遗嘱证人时，还需要提供两名证人，包括姓名、住址、出生日期、职业等信息。如果立遗嘱人说不了话或耳朵听不到时，可以用纸笔向公证人咨询，制作遗嘱文书。如果因病无法写字时，可以通过中间翻译制作公证证书遗嘱。

年龄满15岁的人都可立遗嘱。如果总是拖延，总觉得"等快死的时候立遗嘱也不迟""现在还不愿意想临终的事"，万一有突发疾病等意外情况，就无法正常立遗嘱，只会给自己的家人带去麻烦。为了让家人不再陷入无意义的纷争，不再对遗产束手无策，你现在就可以考虑立遗嘱的事。

6. 公证人

长期从事法官和检察官等法律事务工作，经验丰富，被法务大臣任命的公务员。可证明或认可签约等法律行为的合法性。与律师或司法代书人不同，他们不是为委托人的利益而活动，而是作为公务员，本着公正、中立的立场进行建议和遗嘱制作。

7. 公证处

公证处除了协助立遗嘱,还能制作包括协议离婚的赡养费协议或出轨慰问金等调节协议的公证证书。(日本)全国约有300家公证处。

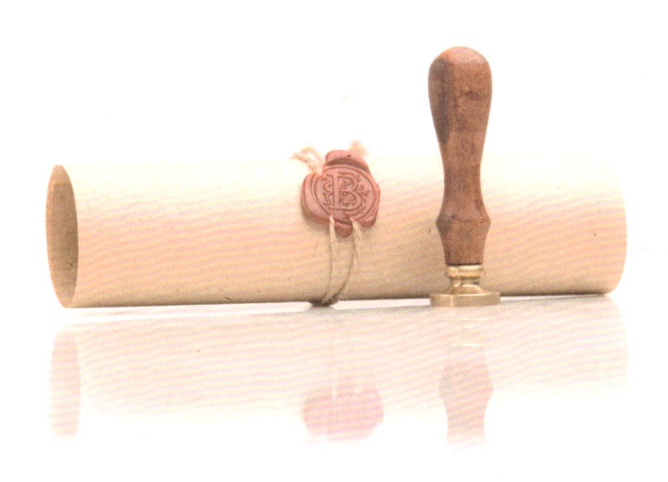

重新思考

人际关系

重新审视社交，珍视自我时间

我曾谈过"折返人生，唯有扬弃"。其实，与人的交往同样如此。对于那些"待在一起就要小心翼翼"的人，以及那些"光是说句话心里就不舒服"的人，自己与他们的来往也是时候做个了断了。我们想愉快地享受生活，不想把珍贵的时光浪费在令人身心疲倦的社交上。人际关系比物品更难放弃，所以这其实是一次让我们重新审视人际关系的宝贵机会。

人际关系的断舍离需要谨慎地思考每种关系。这时候，我们需要考量的就是与人来往的"距离"和"频率"。比如说每天面对面的丈夫或妻子，彼此的伴侣就在身边，在一起时间长、见面多。因此，除了伴侣的优点，他身上的缺点也被同时放大，会引起大大小小的摩擦。相反，与距离远、见面频率低的人的摩擦会比较少。

完美关系的秘诀是不逃避正面"搏斗"

审视人际关系之后,下一步就是"搏斗"。不过,搏斗的对象是还要来往的人。尽管有些人离自己远,见面频率也不高,但每每想到此人的一言一行时心里总是郁闷、不快,那么就趁此机会在心里做个了断吧。了断之后再次见面时,也不会觉得烦躁疲惫。

还有一些朋友,虽然来往的时间不短,却因为一些不痛快的小事而逐渐地疏远或被疏远。我们要重新审视与这些朋友的关系,如果是不可多得的好友、知己,不妨试试主动联络一下。

最重要的是表达出自己内心真正的声音,真诚地倾听对方的声音。这是说起来容易做起来难的事。这种以心换心、表里如一的姿态是人际关系中不可或缺的,也是疏通误解、打破僵局的解药。

尤其是关系亲密的人,越是距离近、见面多的人,越要经常沟通,找机会明白对方真正的心声,避免误解。一旦疏于沟通,双方的关系就会逐渐生出裂痕,甚至最终破碎,连打照面、说话的机会也没有了。

　　人际关系能丰富我们的人生,然而不去适当把握和经营,任其发展,很可能给人生带来消极影响。审视人际关系,把重要的人摆在首位,与复杂的令人疲惫的关系告别,才能腾出心灵的空间,邂逅新的人,发展新的关系。

最需要"关心"的
同住之人

"家里只有我做家务,老公什么都不做""好不容易打扫好卫生,儿子儿媳又搞得乱七八糟"……常常有主妇这么抱怨。确实,住在同一屋檐下,每天积累的不满时不时就会溢出来。因为距离近、接触频率高,所以摩擦也会不断出现。这是很自然、很普遍的,首先要理解这种同住关系。

另外,人们常说"亲人心有灵犀,无须多言"。你有没有陷入这种"以心传心,无须多言"的陷阱中?即便是亲人,如果不明确地表达内心的声音,别人也是无法知晓自己的心声的,自己更不会真正理解对方的想法。若非如此,自己心中会累积不满情绪,带着固执去反抗对方,引发冲突和纷争,建立一种舒适的、和谐的同住关系也就绝无可能实现了。所以,请认真地和对方沟通,表达出真实想法。定期沟通的"关心"才是保持良好关系的秘诀。

"理解并非理所当然"
分开住的家人

分开住的父母和孩子,虽然精神距离很近,但是物理距离远,彼此接触的频率不高。那是不是可以说分开住就不会出现什么摩擦纷争呢?其实不然,而且这么想反而可能陷入一个思维陷阱——"有着血缘关系的亲人,一定会明白我,理解我的想法",这种自以为是的想法根深蒂固,可能会带来更大的隔阂,比如说"女儿一点都不理解我,她都不愿意去试着理解我""听他在电话里叨叨真是心累"等等。如果你有很多年没有联络的亲人,可以不经意地打个电话问问近况。不要一个劲地倾吐,也要多听听对方的话。"即便是亲人,理解也不是理所当然的",多尝试站在对方的立场上,努力去理解对方。

"阶段性"疏远
亲戚

是不是有人会觉得和亲戚在一起非常不舒服,总觉得亲戚"婆婆妈妈"或是"花钱大手大脚、挥霍无度",等等,那么就不要说"反正又不是每天都要见面""再怎么说都是亲戚嘛""忍一忍就过去了",还继续当亲戚。你想想"自己的忍耐和将就有没有给自己带来欢乐",答案显然是 NO。我们重视的不是他人的价值观或所谓的体面,而是"现在的自己"。亲戚之间的关系并不是绝对不变的。

当然了,突然掐断联系,音信全无并不妥当,既影响双方的心情,也会给其他自己关心的亲戚带来麻烦。那么可以适当地调整见面的次数。阶段性地减少见面频率,这样也许能在见面和不联系之间找到平衡,而且再见面时也不会有什么压力。如果就住在身边,可以换个小一点的房子,搬家远离也不失为一种方法。

标准是"想要交流的人"
邻居

自己会因为"邻居喜欢刨根问底地打听别人家的事""不得不参加小圈子闲聊会"而忍着心里的厌恶，装模作样地跟那些人继续做邻居。因为被周遭的邻居排斥的话，可能在这里住着会不舒服吧。但其实，这些事情对自己来说真是个巨大的包袱。

有老话说"远亲不如近邻"。与那些遇见困难能相互帮忙的邻居处好关系是非常重要的。但是你可以重新想想自己是不是陷入了"必须搞好邻里关系"的思维陷阱里。问问自己："现在这种邻里关系是否有必要？"如果你想处好关系，那就去多多沟通来往；如果觉得没必要或者觉得心烦意乱，何不逐步退出这种圈子呢？为了避免社区内的纷争，可以尽可能少地参加社区活动，不进行非必要的交流也是一个明智的方法。

有时候也可以按下"暂停键"
从学生时代开始的友谊

　　有些从学生时代开始的友谊，即便是相互之间生活环境发生了变化也依然如故，这显然是十分宝贵的财富。即便许久未见面，一碰面就有说不完的话，聊不完的天，仿佛回到了学生时代，这真是极珍贵的友谊。但是，如果有一天你有点不愿意去联络朋友，不愿意去见朋友的话，那这个时候说不定就是你重新审视这份友谊的契机。如果不是"难舍难分"，不是"无话不谈"，如果总是在想到朋友时，第一时间居然想着"莫名其妙地觉得太尴尬""真不愿意让他扫兴"，那你就需要谨慎地对待这份友谊。

　　即便是三个月联络一次、一年见上一面，这种"言不由衷"的友谊依然会影响生活。解除这种关系，反而能增加自己自由的时间。可以利用这段时间去探寻兴趣世界，也可以享受外出旅行，光是设想一下，心情就立刻飞扬起来。

　　断舍离长久的友谊的确是件残忍的事。如果无法干脆地斩断感情，也可以给自己的心情放个假，给友情按下"暂停键"。等想重新开始时，再做打算吧！

是拓宽还是终止，取决于自己
志同道合者

想做的事情能马上去尝试，这是现代人无论是在精神上还是在时间上都享有充分自由的特权。我们要拓宽像旅行、写俳句、登山、跳交谊舞等各种兴趣爱好的同道圈，偶遇有共同话题的人也是一件非常值得高兴的事。从前的人生轨迹或生活环境没有交集的两个人成了朋友，确实是件快事。

但是，我们也很难保证不会遇到合不来的人。有的人想在兴趣爱好领域真正钻研一番，而有的人则兴趣广博，浅尝辄止。两者因方向不同而疏远冷淡诚然可惜，但我们决不愿意让原本滋润心灵的兴趣爱好成为自己的枷锁。

我们这代人完全可以从这些问题中解放出来，不必察言观色，仰人鼻息。索性挑战一下不同的领域、不同的兴趣，参加不同的小组、圈子，也许会有新的发现。

如何与"不知何日了断"的"人和事"打交道

减少"自动化"行为,让身心空间通畅起来

现在的我们已经摆脱了"忙得晕头转向后终于迎来了一天的终结"的时期,到了能自由安排时间的年龄。然而,从被工作或养娃等各种事情追着赶着往前奔跑开始,我们有没有真正地仔细想过"驱赶着自己朝前狂奔的人和事是不是真的必须"?我们是不是依然含含糊糊地不管不顾地往前冲?这种不自觉下意识的自动化行为是断舍离的天敌。只有彻底消除这种自动化行为才能获得梦寐以求的从容悠然的生活。

很多不自觉下意识的自动化行为并非出于"自我轴"的"我想这么干"或者"有必要这么干",而是出于"父辈一代也是这么走过来的"的"他人轴"或是"我从来没有想过不这么做"的固有观念。这其实就相当于把人生的抉择权和判断权都交给别人或安于现状,墨守成规罢了。那么,从现在开始考虑考虑"什么才会让自己的生活充实起来"。试着停止

那些不经审视一味重复的事情，你会发现自己的时间变得更加充裕，心灵变得更加轻盈。

精力和金钱上的重压感就是"停止"的信号

现在的我们，不仅生活环境发生了巨变，连身体也发生了变化。除了一些不自觉下意识的事情，你是否出于精力和金钱上的考虑想试着停下某些事呢？无论多么擅长爬格子，依然和从前一样写几页信就疲惫不堪，那就不必忍着手疼继续书写。也许担心"自己已经写了这么多年，突然停掉会惹人不高兴"，但与其犹豫不决，倒不如斩钉截铁地停下来，节省出时间来充实自己，这样其实显得人更淳朴可爱。

减少不需要的"事"，也截断了不需要的"杂物"侵入身心空间的路。有些家虽然"经历过断舍离，但不久就回到了原样"。好不容易疏通的家又被杂物重新堵塞，真是令人失望。因为，断舍离不是一蹴而就的，它是经过反复锤炼后升华的效果。

不做多余的"事"和无用的"事"。这种将各种无用杂物拒之门外的习惯也会杜绝那些终将被断舍离的杂物本身。

年初年末的麻烦
贺年卡

每年一封不漏地寄送贺年卡，真是个苦差事。虽说有电子贺年卡，还是要费时费力，遑论手写的了。省出年初年末花在写贺年卡上的大把时间，让时间充裕、心灵从容起来，那该多好。

我们来考虑考虑寄送贺年卡是否真的有必要。你的思维不能仅仅停在"这是日本的传统习惯""以往每年都在送嘛"，"姑且如此""总感觉应该是这样"等理由就是我们应该断舍离的信号。

当然，也没有必要完全摆脱贺年卡。只把贺年卡寄给想寄的人就行。找时间好好地写写贺年卡，表达内心的思念之情。另外，不寄贺年卡，打电话约本人出来吃饭聊天不也可以吗？传统的贺年卡不是必要的，必要的是让自己度过有意义的时间。

也许是负担
年末赠礼

到了年末，我们常常会向关照自己的人赠送礼物表示感谢。不过选礼物、买礼物也要花时间。礼物不能便宜，所以钱包也会吃紧。其实，很多人心里并不愿意这么做。实际上有时候对方也觉得年末受礼是负担。

为什么要送年末礼物呢？只把它当作风俗习惯，恐怕说明你并未深入思考。年末礼物是向对方表示平日受其照顾的感谢之情，不自觉地硬塞礼物反而显得失礼。当然了，与贺年卡一样，你不必完全拒绝送礼。只向"真的想要感谢"的人送礼物即可。并且，表达感谢并不只有送礼一种途径。

与人身安全放在天平两端
开车

虽然现在你觉得自己还很硬朗，但差不多也该考虑考虑要不要开车的问题了。

开车很方便，不过如果公共交通车辆覆盖到位的话，并非必须开车。现在像一些大型物件，通过搬家公司或者网购快递也能毫不费力地获得。当然，对有些地区的人来说，车是必需品。但是随着年龄的增长，除了身体机能不如从前，判断能力也会下降，引起交通事故或是卷入事故的可能性也会增加。

如果考虑返还驾照的话，担心因驾照返还而没有身份证明的人可以到当地的都道府县驾照中心申请开具用于身份证明的"驾驶履历证明书"。带着这份证明坐公交或打车都有折扣，可以试着准备下材料。开车的安全性是便利性的基础。建立安心的生活环境，是舒适生活的必要条件。

霸占空间
日常囤货

我们总是不小心"在洗漱台下面放下不知道多少年前买的洗衣液",不小心"因为便宜准备大量囤厕纸"。"用完没续货就会出问题""过了这个打折时间就要涨价了"之类的强迫性观念让我们染上了囤积的毛病。

但是,囤积大量现在用不着的东西,只会侵占家里宝贵的空间。我们不要盯着尚未发生的未来,要多看看因囤货而塞满杂物的收纳柜,感受一下其中的乱七八糟和杂乱无章。像一些洗涤剂或调味料用完再买也来得及,即使一两天用不上,也不是什么太大的问题。而且现在还有今天下单明天就到家门口的网上购物。不要把生活埋葬在各种消耗品中,把购物网站或附近的超市当作自家的储藏室来用。不再囤积日常用品,家才会空气通畅,焕然一新。

无法拒绝送到手边的东西
一股脑地收下来

你是不是也认为用不着的东西扔了太可惜了,应该放在家里囤起来?笔油剩下一点的圆珠笔、别人送来的餐具礼物等,总是想也不想就收起来放好。

如果只是一支笔、一个碟子,显然不是什么问题。但是这种小物件收得越来越多,不知不觉间就塞满了整个柜子。而且,最让人恐惧的是自己是下意识地把东西塞满柜子的。长此以往,空间和物品的新陈代谢也到驴年马月了。

这种不自觉行为的元凶就是"物品轴"思维方式。虽然圆珠笔或餐具还能用,但它们远离了"现在的自己"这个"自我轴"的核心。不有意识地改掉这种统统收起来的习惯,所谓"清爽舒适的生活"可以说是天方夜谭。

无用之物却收入囊中
图免费贪便宜的毛病

说起这种东西,我最先想到的就是车站附近分发的小包纸巾或是超市便利店的一次性筷子、勺子等餐具,因为是免费的,就算当时不用,我们也会顺手带回家。家里某处常常堆满了用也用不完的纸巾,厨房的抽屉里总是放满了一次性餐具,这些东西虽然可以用,但显然已经超过了需求量,变成了无用之物。只要是无用之物,就立刻扔掉。

如果还是觉得"还能用不舍得扔",那就转换下思维方式——"防病虫害入境法",绝不让一件无用之物进入家中。从一开始就拒绝接受免费的东西,用家里现有的纸巾,或是包包里仅放一包纸巾,拒绝一次性餐具,使用自己喜欢的餐具。给自己定下规则,严格遵守,这样才能保证家里不增加无用之物。

ZUBORASAN DEMO DEKIRU! HAJIMETENO DANSHARI by Hideko Yamashita
Copyright © 2021 by Takarajimasha, Inc.
Original Japanese edition published by Takarajimasha, Inc.
Simplified Chinese translation rights arranged with Takarajimasha, Inc.
through Hana Alliance Consulting Co. Ltd., China.
Simplified Chinese translation rights © 2022 by China South Booky Culture Media Co., LTD

断舍离®系山下英子注册持有，经商标独占许可使用人苏州华联盟企业管理咨询有限公司授权许可使用。

© 中南博集天卷文化传媒有限公司。本书版权受法律保护。未经权利人许可，任何人不得以任何方式使用本书包括正文、插图、封面、版式等任何部分内容，违者将受到法律制裁。

著作权合同登记号：图字 18-2022-145

图书在版编目（CIP）数据

断舍离：终结拖延 /（日）山下英子著；贾耀平译. -- 长沙：湖南文艺出版社，2022.8
ISBN 978-7-5726-0779-0

Ⅰ. ①断… Ⅱ. ①山…②贾… Ⅲ. ①成功心理—通俗读物 Ⅳ. ①B848.4-49

中国版本图书馆 CIP 数据核字（2022）第 123445 号

上架建议：心理励志

DUANSHELI: ZHONGJIE TUOYAN
断舍离：终结拖延

著　　者：	[日] 山下英子
译　　者：	贾耀平
出 版 人：	陈新文
责任编辑：	匡杨乐
监　　制：	邢越超
策划编辑：	李齐章
特约编辑：	万江寒
版权支持：	辛　艳　金　哲
营销支持：	霍　静　文刀刀
版式设计：	梁秋晨
封面设计：	利　锐
出　　版：	湖南文艺出版社
	（长沙市雨花区东二环一段 508 号　邮编：410014）
网　　址：	www.hnwy.net
印　　刷：	三河市中晟雅豪印务有限公司
经　　销：	新华书店
开　　本：	775mm×1120mm　1/32
字　　数：	149 千字
印　　张：	7.5
版　　次：	2022 年 8 月第 1 版
印　　次：	2022 年 8 月第 1 次印刷
书　　号：	ISBN 978-7-5726-0779-0
定　　价：	56.00 元

若有质量问题，请致电质量监督电话：010-59096394
团购电话：010-59320018